Die Anfänge des kontinentalen Transportwesens und seine Auswirkungen auf die Bolerázer und Badener Kulturen

Tünde Horváth

Archaeopress Archaeology

Archaeopress
Gordon House
276 Banbury Road
Oxford OX2 7ED

www.archaeopress.com

Archaeopress Open Access 2015

ISBN 978 1 78491 317 5
ISBN 978 1 78491 083 9 (e-Pdf)

© Archaeopress and T Horvath 2015

Printed and bound in Great Britain by
Marston Book Services Ltd, Oxfordshire

Inhalt

Liste der Abbildungen iii
1. Einleitung 1
2. Funde und Befunde aus Europa 3
3. Funde und Befunde aus 12
Balatonőszöd–Temetői-dűlő 12
4. Diskussion 15
5. Konklusion 17
6. Fazit 22
7. Katalog 23
    Anhang 1. Listen der Funde der Bolerázer und Badener Kultur (Badener-Komplex) aus dem Bereich Wagen und Transport 23
        1. Hölzerne Räder und Radachsen 23
        2. Hölzerne Joche 23
        3. Wagenkastenmodelle 24
        4. Wagenrad-Modelle 27
        5. Doppelte Rinderbestattungen 28
        6. Bolerázer Gefäße mit Rindfiguren und zoomorphe Gefäße 30
        7. Auf der Anspannung hindeutende pathologische Abweichungen, Spuren auf Rindschädel 30
        8. Mit Pflug bzw. mit Pflügen im Zusammenhang stehende Funde 30
Anhang 2: Fundlisten zum Bereich Wagen und Transport aus anderen, mit der Badener-Komplex gleichzeitigen Kulturgruppen 32
        1. Pathologische Abweichungen an Tierknochen, die auf eine eventuelle Einspannung des Rindes hindeuten 32
        2. Felsbilder mit Pflug, Anschirrung und Wagen 32
        Europa 32
        Steppenregion 33
        3. Organische Überreste aus Holz hergestellte Funde: Joch, Stangenschleife, Schleife mit Rädern, Rad, Radachse, hölzerne Wege, Pflugzubehör, Wagenbestattungen 33
        Steppenregion 33
        Mitteleuropa 33
        Naher Osten 35
        4. Pflugspuren (Ackerfurche) 35
        5. Darstellungen von Schleife (Stangenschleife, Transportschleife, Schlittenschleife), Wagen, Wagenrad und Gespann 36
        Europa 36
        Steppenregion 37
        Naher Osten 37
        6. Schleife- bzw. Radspur 38
        7. Tierplastik 38

Anhang 3: Funde und Befunde aus Balatonőszöd–Temetői-dűlő 40

8. Literaturverzeichnis **43**

11. Zusammenfassung / Abstract / Аннотация / Kivonat **70**
    Zusammenfassung 70
    Abstract 71
    Аннотация 71
    Kivonat 73

Danksagung **74**

Liste der Abbildungen

Tabelle 1. Überblick: die Wagenmodelle der Badener-Komplex 27

Abb. 1. Die Erfindung des Rades. Auf der Karte sichtbare und sich auf die einzelnen Regionen beziehende Ikonen: Mittel-Europa: Rekonstruktion von István Vörös anhand des Wagenmodells aus Budakalász; Ost-Europa: nach Saposnikova u. a. 1988 Buchumschlag; Naher Osten: Tell-Aqrab, Deichselbockwagen, 3000 BC, nach Matuschik 2006, Fig. 10,2; Mittel-Asien und Fernosten: nach dem Buchumschlag von Kuzmina / Mair 2007. 58

Abbildung 2.: 1–2. Stare Gmajne, hölzernes Rad und Achse aus einer Bolerázer Feuchtbodensiedlung (nach Velušček www.zrc–sazu.si); 3–5. Szelevény–Vadas, vierkantiges kultisches Gefäß mit Menschendarstellung der Kostolac-Kultur (nach Rezi-Kató 2001, Taf. 2; Photos von András Dabasi); 6. Ähnliches Gefäß aus Gomolava (nach Petrović / Jovanović 2002, 257) 59

Abbildung 3: 1–2. Balatonőszöd–Temetői-dűlő, Grube Nr. 1856, 1. und 2. Freilegungsschichten, doppelte Rindbestattung; 3–4. Balatonőszöd–Temetői-dűlő, Grube Nr. 1841. Rindbestattung, am Unterkiefer mit Spuren von Verletzung durch Steinbeil; 5–6. Balatonőszöd–Temetői-dűlő, unterste Schicht der Opfergrube Nr. 1612, auf dem Horn eines Rindes das durch Einspannung hervorgerufene beginnende Abwetzung 60

.Abbildung 4: 1. Das Wagenmodell aus dem Grab Nr. 177. in Budakalász–Luppa csárda (nach Bondár / Raczky 2009, Pl. XXIX); 2. Tafelbild der Rosnauer (Rozsnyó/Rožňava) Metercia (1513) (nach Paládi-Kovács 2003); 3. Die Wagenmodellfunde südlich des Plattensees (Balatonberény, Boglárlelle, Kaposvár, nach Németh u. a. 2010, 58). 61

Abbildung 5: 1. Balatonőszöd–Temetői-dűlő, Grube Nr. 1417. Bruchstück eines Wagenradmodells; 2. Bruchstück eines Spinnwirtels aus der Tieropfergrube Nr. 1795; 3. Grube Nr. 1565. Bruchstück eines Wagenradmodells; 4. Bruchstück einer Amphore aus der Bolerázer-Schicht der Grube Nr. 1384. mit Tierkopf-Applikation; 5. Vác–Liliom Straße, Rindförmige Amphore (nach Vasáros / Rezi-Kató 2002, 41); 6. Palt, Bruchstück einer Amphore (nach Schmitsberger 2006, Abb. 3,10); 7. Vác–Liliom Straße, Rindförmige Amphore (nach Kővári 2010, Fig. 4,2). 62

Abbildung 6: 1. Doppelte Rindbestattungen in Europa zwischen 3500–2200 cal BC; 2. Doppelte Rindbestattungen in Ungarn. 63

Abbildung 7: Balatonőszöd–Temetői-dűlő: Planum der Quadranten 50,51/12, 13 – 52/13, 14, Planum und Rekonstruktion der Häuser 509 – 22, die menschlichen Opfergruben Nr. 744. und 981, und das anthropomorphes Gefäß aus der Grube Nr. 743. 64

Abbildung 8: Balatonőszöd–Temetői-dűlő: Planum der Quadranten 55/30, 31, der Bruchstück der weiblichen Idole aus der Grube Nr. 1988, die Grube Nr. 1998. mit der Stierkopfprotome, und die Grube Nr. 1992. mit der weiblichen Bestattung Nr. 59 65

Abbildung 9: Balatonőszöd–Temetői-dűlő: Planum der Quadranten 38/4, 5 – 39/5, 6 und die freigelegten Tierbestattungen Nr. 1770, 1794, 1795, 1796, die Grube Nr. 1794. mit der anthropomorphen bemahlten und mit Einritzungen dekorierten Amphore. 66

Abbildung 10:1. Budakalász–Luppa csárda, Wagenmodell aus dem Grab Nr. 177 (nach Visy 2003, 126, Abb. 4); 2. Szigetszentmárton, Wagenmodell (nach Visy 2003, 126, Abb. 4); 3. Balatonőszöd–Temetői-dűlő, Grube Nr. 1998. von einem Wagenmodell abgebrochener Stierkopfprotome; 4. Rekonstruktionszeichnung von István Vörös über Einspannung der Tiere anhand des Wagenmodells aus Budakalász; 5. Bytýn (nach Schier 2010, 36, Kat. Nr. 345–351); 6. Radošina, Wagenmodell mit doppelter Stierprotome (nach dem Buchumschlag von Chropovský 1973). 67

Abbildung 11: Balatonőszöd–Temető-dűlő, Verbreitung der sakralen Befunden und Funde. 68

Abbildung 12: 1. Pfahlbauten rund um die Alpen (nach Hafner 2010, 104); 2. Verbreitungskarte der mit Wagenfahrt in Verbindung stehenden Funden der Bolerázer und Badener Kulturen. 69

1. Einleitung

Es ist etwas mehr als ein halbes Jahrhundert vergangen seit der Freilegung der ersten, auf dem Gebiet von Mitteleuropa als für die „ältesten" gehaltenen Tonwagenmodelle, die damals als Grabinventare beschrieben wurden (Budakalász–Luppa csárda: Soproni 1954). In Ungarn sind seither neue, den aus Budakalász bekannten Wagenmodellen ältere Funde ans Tageslicht gekommen, die in die Bolerázer-Phase eingestuft werden können.[1]

In unserer Studie werden die mit dem Landtransport in Zusammenhang stehenden Funde aus Balatonőszöd–Temetői-dűlő der Bolerázer/Badener-Kulturen beschrieben und ausführlich dargestellt (eine Tierkopfprotome aus der Grube Nr. 1998, die von einem Wagenmodell abgebrochen ist, Knochenreste eines Rindes mit Spuren der Hornzapfendeformation durch das Nackenjoch aus der Opfergrube Nr. 1612, sowie drei Wagenradmodelle aus den Befunden Nr. 1417, 1565 und 1594: **Katalog, Anhang 3**).[2] Unser Vorhaben ist durch das Beispiel unseres Fundplatzes zu zeigen, welche wirtschaftliche und sakrale Rolle[3] auf die damalige Gesellschaft die Erfindung und Benutzung des Rades ausübte – ein Thema das von der internationalen Literatur bereits des Öfteren diskutiert wurde.[4]

Heute sind es nicht mehr die mit Wagenfahrt zusammenhängenden Funde der Badener-Kultur, die ältesten bekannten auf dem Gebiet Europas. Eine andere Gruppe der archäologischen Funde – und zwar die organischen Überreste – ermöglichen die bisweilen genaueste Datierung und liefern die bedeutendsten und hochinteressanten Funde.[5] In Mittel-Europa werden bezüglich dieser Fundgruppe einige ausgewählten Regionen untersucht: die sogenannten Feuchtbodensiedlungen (die Küstenregionen der Seen bei Zürich, Constance/Boden, Neuchâtel, Bienne, Feder, Steeger, Chalain, Clairvaux); die Höhenheiligtümer der Alpen (Mont Bego, Val Camonica); sowie das Verbreitungsgebiet (das Laibacher Moor, der südliche Uferbereich des Plattensees) und Ausstrahlungsgebiet

---

[1] Die Besprechung der Funde und Befunde wurden von M. Bondár in mehreren Studien veröffentlicht, siehe z.B. Bondár 1992; Ders. 2004; 2006.
[2] Über den Fundort erschienene allgemeine Publikationen: Horváth 2004a; Ders. 2008b. Weitere untypische viereckige Gefäße (Fragmente von Wagenmodellen oder Fußkelchen?): Kulturschicht 925 (Phases IIB-III Baden), Grube 387 (Phase IIA Baden), Grube 2406 (Phase IIA Baden), Grube 1475 (Phases IIB-III Baden): Horváth 2010b, 18–19; Ders. 2012b.
[3] Insofern wir die von P. Pétrequin und P. Fluzin vertretene Behauptung akzeptieren, nämlich dass die sakrale Tätigkeit zur Herausbildung der Technik führte, werden wir die Verbindung zwischen den beiden Aspekten verstehen: Pétrequin u. a. 2000. Laut G. Condominas vertreten die lokalen Gemeinschaften den Ansicht, dass die rituellen Handlungen (z.B. die Agrarriten) in der Pflanzenzucht genauso große Rolle spielen, wie die technologischen Handlungen und sind dementsprechend von denen nicht trennbar: Condominas 1983, 23.
[4] Es sind zwei dem Thema gewidmete Bände erschienen: Köninger u. a. 2002 und Pétrequin u. a. 2006a.
[5] Aus Holz hergestellte Räder und Axel wurden bereits am Ende der 70-er Jahren freigelegt, z.B. in Aulendorf (Constance/Bodensee), Zürich–Pressehaus (Zürichsee), Vinelz (Bielersee), doch die damals durchgeführten Radiokarbonmessungen machten die Erkenntnis einer frühen Datierung und somit eine eventuelle lokale, europäische Innovation des Rades nicht plausibel. Den Fund aus Zürich–Pressehaus datierte S. Piggott auf 2340 BC (Piggott 1983, 51), er ist aber wesentlich älter und kann um 2800 cal BC datiert werden (s. z.B. Ruoff 2006, 135). Gleichfalls führten die Radiokarbondaten der Trichterbecherkultur und Shnurkeramik-Kultur die Forschung irre, z.B. mit der frühen 2750–2550 BC Datierung des Gefäßes aus Bronocice (heutige Daten: 3637–3373 cal BC, 1 σ). Zu den neueren ^{14}C Ergebnissen der Periode siehe Czebreszuk / Müller 2001; Furholt 2003; Raetzel-Fabian 2002a; ders. 2002b.

(Varna-See und der Tundza-Tal) der Bolerázer und Badener Kulturen (mitsamt Badener-Komplex) zwischen ungefähr 3800/3500 und 2800/2500 cal BC (*Katalog, Anhang 1-3*).[6]

Die Spätkupferzeit ausfüllende grosse und einheitliche Boleráz-Badener archäologische Kultur, die früher nach Němejcová-Pavúková (1981), als Phasen der Boleráz IA-B-C– klassischen Badener IIA-B–III–IV beschriebene innere Phasen der Boleráz und Badener, bespreche ich nach den Forschungen der letzteren Jahre als einen Badener-Komplex, darin auch die selbstständigen Boleráz- und Badener-Kulturen (MARAN 1998; FURHOLT 2008, 2009; HORVÁTH 2009A, DERS. 2012B, 2014). Nach der Spätkupferzeit (2800 BC) ist das Weiterleben der Badener-Kultur im Ungarn in der Übergangsphase zwischen Kupferzeit und Bronzezeit (2800–2600 v. Chr.), und vielleicht noch in die Frühbronzezeit hineinreichend vermutbar (2400/2200/2000 v. Chr).

---

[6] Über die chronologische Einstufung, die Parallelisierung mit gleichaltrigen Kulturen, sowie über die interkulturellen Beziehungen der Boleráz und Badener-Kulturen siehe: HORVÁTH 2009A, DERS. 2012B, 2014.

2. Funde und Befunde aus Europa

Die Prähistoriker unserer Zeit modellieren die, von uns zur Untersuchung ausgewählten technischen Innovation mit verschiedenen Theorien. Bis zu heutigem Tage herrscht eine rege Diskussion über den Erfindungsort und -zeitpunkt des Rades und darüber, ob es nach Europa als selbständige Innovation, durch Konvergenz oder durch kulturelle Adaptation/Assimilation gelangte *(Abb. 1)*.[1]

Drei neue Hypothesen erklären die Erfindung und Verbreitung des Rades, die mit den Namen von drei Forschern verbunden werden kann (A. Sherratt, I. Matuschik, M. Vosteen).[2] Vor einem halben Jahrhundert wurde das früheste Erscheinen des Rades – auf jeden Fall Mittel-Europa betreffend – auf dem Gebiet des Karpatenbeckens/Ungarns vermutet (wir denken hier an die „frühesten" Wagenmodelle aus Budakalász).[3] Im Jahre 2011 kennen wir 11 Wagenmodelle der Badener-Kultur: Das zwölfte Wagenmodell kam in Balatonőszöd ans Tageslicht![4] Trotz dessen wurde der Schwerpunkt der Forschung auf die Untersuchung der mittel-/westeuropäischen Fundstellen, sowie der organischen Überresten verlegt.

Untersuchen wir erstmals kurz, welche neue Funde und Ansichten zu diesem Rollenwechsel in der mitteleuropäischen Region führten.

Zur Erleichterung des Transportes auf dem Lande können die ersten Versuche mit der Erfindung der, anhand des Prinzips eines einfachen Schlittens bewegbaren sog. Stangenschleife verknüpft werden. Die ältesten, darauf hinweisenden Spuren werden auf dem Fundplatz in Hornstaad–Hörnle rund um 3900 v. Chr. vermutet (Harwath 2002), die ersten aus Holz angefertigten Exemplare kennen wir rund um 3700 v. Chr.[5] Im Laufe der Zeit veränderte sich die Schleife förmlich und funktionsmäßig: die einfachste Y-förmige Konstruktion (zwei Stangen wurden in einem Punkt miteinander verbunden: Stangenschleife / *Travois* / *rúdcsuszka*) wurde später mit einem oder mehreren Querhölzern zu einer A-förmigen Konstruktion umgewandelt. Auf beiden möglichen Anlagen wurde

---

[1] Die zusammenfassenden Studien über die ethnographische Kartierung der beräderten Fahrzeuge stimmen darüber überein, dass auf dem Balkan und auf den Gebieten von Spanien, Frankreich, auf den Britischen Inseln, Belgien, Norwegen, in der Schweiz und in den Niederlanden die zweirädigen Karren / Zugkarren verbreitet waren, während in Österreich, Böhmen, Ungarn, Rumänien, Dänemark, Süd-Schweden, Südwest-Finnland, im Baltikum und auf großen Gebieten von Russland eher die vierrädigen Wagen benutzt wurden, wobei auf gewissen Gebieten auch die zweirädigen Wagen (Stangenschleife / Karren) im Gebrauch waren (Kaiser 2010). Die vierrädigen Wagen entstanden durch die Verbindung der zweirädigen Wagen. Die Ausführung der Wagen hängt mit der geographischen Lage und Gebrauchsfunktion zusammen (Gebirgslandschaft/Ebene; Personenbeförderung, Transport von Kalk, Holz, Heu, Weintrauben, Kohle/Erz, Töpferprodukte, Naturalien usw., Tauerei): Fenton u. a. 1973; Paládi-Kovács 1981. Dort, wo die Herstellung der Wagen überaus entwickelt war (z.B. im mittelalterlichen Ungarn, vgl. die Ethymologie des Wortes Wagen / *Wagon* / *kocsi*) wurde es fast als heimischer Charakter angesehen, so dass bei anderen Völkergruppen sie viel eher Frachtgeschäft betrieben (Paládi-Kovács 2003, 75). Wir glauben einen ähnlichen Charakter auch unter den Boleráz/Badener Menschen zu entdecken.
[2] Pétrequin u. a. 2006a; Sherratt 2006; Matuschik 2006, Pétrequin u. a. 2006c, 364, 376, Fig. 4. und Maran 2004, Burmeister 2011.
[3] Bóna 1960, 110.
[4] Siehe im Katalog-Teil! Zusammenfassend siehe: Bondár 2004, Ders. 2006; Kovács 2006.
[5] Reute/Schorrenreid: Mainberger 1998; Mondsee: Cichocki 2002; Bad Waldsee, Pfyn / Altheim Kulturen: Köninger 2002; Schlichtherle 2002, 3738–3731 v. Chr.

ein Wagenkasten befestigt, der meistens als eine vierkantige Wagenflechte rekonstruiert wird (Pétrequin u. a. 2006c, 377, 385, Fig. 14; 21).

Die schlichte Bodenausbildung und öfters mit Tierkopf-Protomé dekorierte vierkantige Wagenmodelle der Bolerázer Kultur stellen das Wagenkasten dieses Typus dar (Boglárlelle, Radošina, und vielleicht Moha, Balatonőszöd, Pleissing, Mödling). Mit der Ausnahme des Fundes aus Radošina imitiert das einheitliche, senkrecht eingeritzte Fischgrätemuster das Material der Wagenflechte (Rohrkolben, Weide- oder Haselgerte).[6]

In der abschließenden Entwicklungsphase wurde der Schlitten auf ein mit Rädern ausgestattetes Laufwerk angesetzt und somit zu einem Zugtier angespannt. Die Y- und A-Konstruktion blieben im Weiteren im Gebrauch als Zugvorrichtung des Wagens.[7]

Neben der Schleife waren im prähistorischen Europa auch die schweren, aus Holz hergestellten Schlitten im Gebrauch, die vermutlich zur Senkung der Reibkraft – wenn die Lage es erwünschte – auf Walzen bewegt wurden.[8]

Wenn die untere Seite der schweren Schleife oder des Schlittens mit Steinwerkzeugen ausgestattet wurde, konnten sie zum Dreschen von Getreide verwendet werden (Dreschschlitten / *Tribulum* / *cséplőszán*).[9]

Es wird ein Zusammenhang zwischen den megalithischen, trapezförmigen Gräbern (z.B. Sion, d'Aoste/Saint-Martin-de-Corléans; Jettingen / Unterjettingen: Pétrequin u. a. 2006c, 386, Abb. 22.) und der Erfindung der Schleife vermutet: es scheint, dass die neue Erfindung in die Glaubenswelt der Bestattungen eingegliedert wurde in dem, mit der Form des Grabes die Form des Schlittens (und damit die Symbolik der Transport/des Reisens) wiedergegeben wurde.[10]

---

[6] Die Anrichtung des Laderaums, also die Anfertigung des Wagenkastens war die Winterbeschäftigung der Furhmänner. Mit der wechselnder Flechte der Gerten von verschiedenen Farben (die geschälten weissen und die natürlichen mit Rinde bedeckten braunen) konnten individuelle Motive hergestellt werden (Vgl. es mit dem Wagen aus Budakalász). Ein Wagenkorb hielt in der Regel bis zu 2-3 Jahre: Paládi-Kovács 2003, 163.
[7] Schlichtherle 2006, 168–169; ders. 2002, 26.
[8] Die ethnologische Fachliteratur unterscheidet zwischen veschiedenen Entwicklungstypen der Schlitten: der einfachster ist ein auf zwei Unterlagen gleitender Schlitten oder Gabelgleiter, die nächste Entwicklungsstufe bildet der Schlitten mit erhöhtem Laderaum. Die Verbreitung dieses – abgesehen von dem Gebiet Europas – stimmt mit dem Rentiernomadismus und den arktischen Gebieten überein. Im Gebiet Europas zieht die ethnologische Literatur verschiedene Arten von Schlitten in Betracht, und zwar auf Grund der Funktion (Personenbeförderung, Holz, Naturprodukt- oder anderer Warentransport), der verschiedenen Jahreszeiten (Winter- und Sommerschlitten), mit berücksichtigung der technologischen Ausstattung (im Bezug auf der Einspannung Hand- oder Fuhrschlitten; im Bezug auf die Ausbildung ganzer oder halber Schlitten, Doppelschlitten, Schlitten mit Gleitstange), und unter Berücksichtigung unterschiedlicher geographischen Gebieten (Berglandschaft, mit Schnee bedeckten Gebiete, feuchte Auen): Paládi-Kovács 2003, 197–210.
[9] Schlichtherle 2006. Laut der ethnograpischen Literatur wurden Gleiter auch zum Transport von Pflügen eingesetzt unter dem Namen „Pflugpferd": Paládi-Kovács 2003, 206.
[10] Pétrequin u. a. 2006c, 386, Fig. 21; 22. Ähnliche mit Steinen und Steles ausgeschmückte, in die Kurgane (vom Typus „*long barrow*" und „*dumb-bell-shaped*") führende heilige Wege wurden auch in der Steppenregion zwar in der spätbronzezeitlichen *Srubnaja*-Periode beobachtet, wo die mit Steinen und *Cromlechs* belegten Pfade die Axe und Räder des Wagens symbolisierten: Otroshchenko 2009, 469–471.
Hier soll eine ethnographische Beobachtung erwähnt werden, dass nämlich die einzelnen Teile des Schlittens nach den antropomorphen Körperglieder bennant wurden: Kinn, Unterkiefer, Kopf, Nase, Zunge, Bein, Sohle. Bei den karpatenländischen Huzulen, sowie auf slowakischen, serbischen, kroatischen bulgarischen Gebieten und in Montenegro wurden die Toten in den Sommermonaten mit Schlitten in den Friedhof transportiert, da „der Schlitten den Toten von Schütteln bewarte": Paládi-Kovács 2003, 211.

Der älteste auf Räderspuren hindeutende Befund stammt aus der Grabkammer eines megalithischen Grabes in Flintbek und wird zw. 3600–3400 v. Chr. datiert[11], eine Periode die mit der Entstehung der Boleráz/Badener-Kulturen gleichgesetzt werden kann. Aus der Zeitspanne zwischen 3200–2600 v. Chr. – die das ganze Lebensdauer der Badener-Kultur umfängt[12] – wurden aus 12 Fundplätzen mehrere (aus einem Fundplatz sogar 4-5 Exemplare) aus Holz angefertigte Räder bzw. Radachsen freigelegt (Daten dazu siehe im Katalog der Funde). Die Fundplätze können mit den Pfyn / Horgen, Horgen / Goldberg III, Bolerázer Kulturen und mit der Schnurkeramik in Verbindung gebracht werden, in den letzten Jahrzehnten hörten die schweizerischen Forscher jedoch mit dem hoffnungslosen Versuch auf, ihre Fundplätze kulturell einzuordnen.

In den meisten Feuchtbodensiedlungen kommt nämlich ein gemischtes Fundgut ans Tageslicht und die Lebenszeit der Siedlungen ist überraschend kurz (ihr Durchschnittsalter beträgt 30 Jahren), doch können zeitlich mehrere Perioden und Fundgruppen aufeinanderfolgen. Deshalb wird in den archäologischen Studien über ein spezielles Fundgut der materiellen Kultur diskutiert.[13] Nicht desto trotzt sind die Feuchtbodensiedlungen überaus gut strukturiert, besitzen eine entwickelte Infrastruktur und Struktur: sie sind mit äußeren Palisaden umgeben, besitzen ein inneres Wegsystem und die Siedlungen sind mit äußeren Gehwegen (Bohlenwege oder Knüppelwege) verbunden, und wie es scheint, sind die meisten Siedlungen durch, mit Wegen geteilten und vorweg geplanten einbaubaren Hausstellen gekennzeichnet (Hafner / Suter 2003; Pétrequin u. a. 2006c, 372, Fig. 9).

Zwei Fundplätze sind von besonderer Bedeutung: in der im Laibacher Moor sich befindenden Pfahlbausiedlung von Stare Gmajne (SL) sind hölzerne Räder, Axe und hölzernes Boot bekannt (3109 ±12 cal BC, Dendrodatum: Velušček 2002; Ders. 2009) *(Abb. 2,1-2)*; in der Pfahlbausiedlung von Bad Buchau/Torwiesen II. (DE, Federsee) wurden Bohlenwege und hölzernes Rad (3283–3281 cal BC, 1 σ) zusammen mit Bolerázer Keramik freigelegt (Schlichtherle 2002, 29).

Eine außerordentliche Bedeutung besitzt der im Laibacher Moor befindliche Fundplatz namens Stare Gmajne, da hier in der, aus der Boleráz-Kultur stammenden Moorsiedlung mehrere, aus Holz hergestellte Räder und eine dazu angefertigte Radachse ans Tageslicht kamen (Velušček 2002).

Die hölzernen Räder bestanden in dieser Zeit aus einem (monoxyler Typ, zu einer fixierten Radachse gefestigtes Rad, vor allem in Nordeuropa, Pétrequin u. a. 2006c, 368, Fig. 6), oder aus zwei bzw. drei Teilen (komposit, mit dem Rad gleichzeitig bewegende Radachse, verbreitet auf dem Gebiet Mitteleuropas, Pétrequin u. a. 2006c, 368, Fig. 6). Das zum Rohstoff des Rades ausgewählte Holz ist in dieser frühen Periode in den meisten Fällen Ahorn, und zwar eine spezielle Art dieses: der Bergahorn (*acer pseudo platanius*,

---

[11] Pétrequin u. a. 2006c, 386, Fig. 21; 22; Zich 2006.
[12] Zur Absolutchronologie der Boleráz/Badener-Kulturen in ungarischen Verhältnissen siehe Horváth u. a. 2006; dies. 2008; Horváth 2009a, ders. 2011a, 2012b. Ein besonderer Datierungsfehler ist hervorzuheben, dass nämlich die internationale Fachliteratur das Ende der Badener-Kultur um die Zeit von 3000 v. Chr. bestimmt (dies bezieht sich auf das Ende der Post-Badener Kostolac-Kultur laut der internationalen Deutung): siehe z.B. die chronologische Tabelle von Pétrequin u. a. 2006a, 402. Im Gegensatz dazu, wie es auch die ungarischen Radikarbondaten zeigen, kann das Ende des Lebens der Badener-Kultur zwischen 2600/2400 cal BC vermutet werden. Hier möchte ich darauf nicht eingehen, wie dieses Datum zum Leben der Kostolac-Kultur sich verhält: es ist später und parallel zu dieser zu verstehen.
[13] Fundkomplexgruppen / *Specific grouping of Material Finds*: Hafner / Suter 2003.

SCHLICHTHERLE 2002, 20). Bei einer kleineren Gruppe der Räder dieser frühen Periode und in der späteren Periode bei den meisten Rädern (die meisten Räderfunde sind jünger als 2800/2600 v. Chr. und kamen auf den Fundplätzen der Schnurkeramik und der Saône–Rhone-Kultur zum Vorschein) ist der ausgewählte Rohstoff: die Eiche. Die Größe der Räder variiert in der kleineren bzw. mittelgroßen Kategorie, ihr Durchmesser beträgt 45 bis 80 cm.[14]

Der bewusste Auswahl der Hölzer in den Anfängen kann mit der Art der Verwendung und mit dem Bewegungsumfeld der Moorsiedler im Zusammenhang gebracht werden, da – obwohl die Holzräder in den Feuchtbodensiedlungen ans Tageslicht kamen – die Verbreitungsgrenze ihrer Verwendung – anhand der Felsritzungen – auch auf Berglandschaft hindeuten kann.[15] Die verschiedenen Untersuchungen bekräftigen, dass der Tierbestand aus Rind und Kleinwiederkäuer besteht, der ständig zur bewegenden Beweidung gezwungen ist: in der Umgebung von Combe d'Ain (FR) beträgt der Spazierweg von den Feuchtbodensiedlungen zu den geeigneten Weiden und Wiesen des Bergplateaus ungefähr eine Stunde (PÉTREQUIN U. A. 1998).

Im Fundgut erscheinen die ersten, ausdrücklich zur Holzbearbeitung geeigneten Metallgegenständen (in Osteuropa als Arsenbronze bei der West-Kaukasischen Maikop-Gruppe, in Europa in den Kupferdepot mit Flachbeilen aus Bygholm (DK), Riesebusch (DE),[16] Jevíšovice–Staré Zámky (Mähren: BENEŠOVÁ 1956; PIGGOTT 1983, 21), Bytýn (PL): Rindergespannplastiken (PIGGOTT 1983, 42, Fig. 12) *(Abb. 10,5)*, auf Ezero-Fundplätzen (BG)[17]). Trotz dieser Tendenz zeigen die auf den Rädern beobachtbaren Abnutzungs- und Reparaturspuren (z.B. auf dem Rad von Kideris, DK), dass in dieser frühen Periode die Wagnerarbeit größtenteils noch mit geschliffenen und gespaltenen Steinwerkzeugen ausgeführt wurde.[18]

---

[14] Die Größe des Rades hängt mit den ausgewählten geographischen Gebieten zusammen: die kleinen Räder sind in den Berglandschaften um das Kentern zu vermeiden beliebt (und gleicherfalls sind die zweirädigen Karren auch mehr verbeitet), während die großen Räder eine trockene Überfahrt der feuchten Gebiete sichern, deshalb sind die Räder der Wagen in der Steppe höher: PALÁDI-KOVÁCS 2003, 114, 120, 159. Aus den ethnologischen Studien geht es hervor, dass die befragten Stellmacher zur Herstellung der Radnabe rohe Eiche benutzten, die während des Trockenprozesses das Rad besser greift, die Speichen wurden aus knochentrockenen Eiche, die Radfelge aus trockenem Zerreichenholz hergestellt: PALÁDI-KOVÁCS 2003, 63.
[15] Die nächsten förmlichen Parallelen der Schleifen aus den Ufersiedlungen von Chalain sehen wir in den Seealpen / *Maritime Alps*, vor allem auf den Petroglyphen aus Mont Bego wieder: PÉTREQUIN U. A. 2006B.
[16] PIGGOTT 1983, 42. Bedeutende Kupferverarbeitung wird aus den Fundplätzen von Ćmielów und Gródek Nadbużny gemeldet (PL). Heute wird ein enger Zusammenhang zwischen dem Ausbau der Holzwege, der immer größeren Ausdehnung der Straßennetzen zwischen den Siedlungen und der Wagenarbeit selber bzw. der Entdeckung und Ausbeutung der Fundstellen von Jade und anderen, zu Steinwerkzeugen geeigneten Rohstoffen, und Kupfer; vgl. dazu: KLASSEN 2001; KLASSEN 2004; PÉTREQUIN U. A. 2006C, 386 387. In den böhmischen befestigten Siedlungen wurden zur Wagenauffahrt geeignete, breite rampenartige Eingänge aus der Bolerázer-Periode freigelegt: BALDIA U. A. 2008.
[17] Ezero, Niveaus Nr. 4–5: GEORGIEV / MERPERT 1966, 36, Fig. 2.
[18] PIGGOTT 1983, 49–52. Im Gebiet des heutigen Ungarns könnte die erste, zur Wagenarbeit geignete Metallkollektion durch die am Fundplatz von Üllő entdeckten Gußform-Fund hergestellt worden sein: KŐVÁRI / PATAY 2005, 124, späte Makó-Kultur, Frühbronzeit 3, Reinecke A1 (2470/2340–2300/2130 cal BC, 1 σ). Die spätkupferzeitlichen Wagenmodellfunde sind aus technischer Sicht deshalb bemerkenswert (Holzbretter, Ausbildung und Verbindung von Rad und Axe), weil im Fundgut innerhalb des Karpatenbeckens die zur Herstellung geeignete Metallgegenstände Funde bisweilen nicht bekannt sind. Aus diesem Aspekt stellt sich die Frage, ob es um ausserhalb der Kultur angeschaffte fertige Importwaren handelt oder vielleicht fremde Handwerker die Wagen der Badener Kultur hergestellt haben. Natürlich kann aus Mangel an Fundgut keine sichere Schlußvolgrung gezogen werden, es könnte auch auf Grund der Mangel an Forschung liegen, dass wir diese Funde aus dem Stammesgebiet der Kultur noch nicht kennen.

Die Erfindung des Rades und der Radachse resultierte in der Entstehung zwei neuen auf Rädern bewegbaren Fortbewegungsmitteln: bei der ersten Variante wurde der Schlitten auf Räder gestellt und wurde zum beräderten Transportschlitten umgewandelt. Bei der zweiten Variante wurden die Räder unter einem, ursprünglich auf Schlitten gleitenden Gewichtkasten eingebaut. Beide Erfindungen sind – aus technologischer Sicht – Ergebnisse einer Fortentwicklung.

Die ersten vierrädrigen, mit echten Scheibenrädern dargestellten Wagenmodelle sind das etwa 1:25 maßgetreue Modell aus dem Grab Nr. 177 von Budakalász *(Abb. 4,1)*:[19] ausgestattet mit hölzerner Ladefläche und leichtes Kasten (Reisig- oder Rohrgeflecht, in den vier Ecken mit Stangen verstärkt) und das Fuhrwerk-Darstellung auf dem Gefäß von Bronocice (PL, Trichterbecherkultur, 3637–3373 cal BC, 3520 v. Chr., MILISAUSKAS / KRUK 1991, 564, Fig. 3).

Zum Schleppen beider Fortbewegungsmittel wurde im europäischen Raum als erster der Rind ausgewählt. Zum Geschleppten wurden die Tiere durch Joch angespannt (die vielen Grundtypen des Joches konnten schon in dieser Zeit ausgebildet haben, wie z.B. das Stirn-, das Nacken-, und das Halsjoch). Aus Holz hergestelltes Joch kennen wir aus den Feuchtbodensiedlungen dieser Periode (PÉTREQUIN U. A. 2006C, 376, Fig. 13), besonders wichtig ist es, dass in Arbon/Bleiche 3 (CH, CAPITANI U. A. 2002, 106–107, Abb. 133, 134) sowie in Ezero (BG, TONČEVA 1981, 55–56, Fig. 5,5) zur Badener-Kultur gehörenden Funde ans Tageslicht kamen.[20]

Als Beweis der Einspannung der Tiere können die auf dem Schädel der Rinder erscheinenden, durch das Joch oder Schnur hervorgerufenen Anschirrungsspuren genannt werden (Bronocice: MILISAUSKAS / KRUK 1991; Balatonőszöd – das besondere bei diesem letztgenannten Fund ist, dass er aus einer Opfergrube ans Tageslicht kam) *(Abb. 3,5–6)*.[21] Die an den Körpern der Tiere angebrachten Darstellungen von verschiedenen Geschirre, Strängen, Joch und Halfter sind Zeichen für die Anschirrung der Tiere (aus Kupfer

---

[19] SOPRONI 1954. In der ethnologischen Literatur werden die zweirädigen Transportmittel Karren (*Cart / taliga*), die vierrädigen durch Ochsen oder Kühe gezogenen Furhwerke Wagen (*Wagon / szekér*) und die von Pferden gezogenen Furhewerke als Pferdekutsche/Pferdewagen (*Couch / kocsi*) bezeichnet. Die Furhwerke, ausgestattet mit hohen Wagengeflecht nennt die ungarische ethnologische Literatur als *kosolyószekér* / Wagen: zeitgenössische Abbildung ist auf dem Tafelbild der Rosnauer Metercia aus 1513 zu sehen *(Abb. 4,2)*: PALÁDI-KOVÁCS 2003, 188. Das Wagenmodell des Grabes Nr. 177 aus Budakalász besitzt einen an den vier Seiten geschlossenen Kasten, die untere Seite des Wagenkastens wurde aus Holzbrettern angefertigt, die an den vier aufwärts zuspitzenden Ecken mit Rungen ausgestattet und an denen die geflochteten Seiten angepasst wurden. Die Verzierung zeigt, dass die Vorderseiten und beiden Seiten nur in der oberen Teil dekoriert wurden, während die Oberfläche der hinteren Seite gänzlich verziert war. Die Vorderseite ist etwas kürzer als die hintere, dies steht mit den ethnologischen Daten auch im Einklang (PALÁDI-KOVÁCS 2003, 31–36) *(Abb.4)*. Ähnlichen Wagenkasten besitzt das Wagenmodell aus Szigetszentmárton, hier wurden aber sogar die Rungen mit Zickzackmuster dekoriert, auch die hintere Seite trägt ein eingeritztes Netz/Gittermuster *(Abb. 10,2)*.
[20] Ezero XIII: später der Boleráz/Baden, siehe: HORVÁTH 2009A, 109.
[21] Unter den Archäozoologen publizierte als erster L. Peške Überreste eines Rindes mit ähnlichen Abnutzungsspuren aus einem Glockenbecher-Fundplatz: PEŠKE 1985. In der seither vergangenen Zeit wurde diese Zahl nur mit zwei weiteren Fundplätzen der Badener-Kultur erweitert (was gleichzeitig auch bedeuten könnte, dass obzwar die Einspannung in dieser Zeit erfunden wurde, es bereits in einer vollkommenen Ausführung getan wurde, da Abnutzungsspuren nur von falsch ausgeführten oder falsch angebrachten Jochen verursachen können, und deren zahl sehr gering ist). Doch ist es vorstellbar, dass nicht Nackenjoche, sondern Hals- oder Stirnjoche verwendet wurden, die solche Spuren nicht hinterließen.

hergestellte Kleintierplastiken, rindförmige Amphore aus Vác–Liliom Str.) *(Abb. 5,5, 7)*. Diesen Plastiken schenken wir eindeutig eine kultische Bedeutung.[22]

Auf dem Gebiet Mittel-Europas gewann der Rindzucht um 4000 v. Chr. an Bedeutung, und gleichzeitig wuchs der Prozent der Kleinwiederkäuer im engen Zusammenhang mit der von A. Sheratt vertretenen Theorie der Revolution der sekundären Produkten an (Sherratt 1981, Ders. 1983). Um 3500 v. Chr. wurde dieses Maß zugunsten der Schweinezucht zurückgedrängt.[23] Der Rind bekam nicht nur als Fleischtier eine neue Rolle, sondern durch Anwendung seiner Milchprodukte und als Zugtier.[24]

Die tierische Zugkraft konnte nicht nur in der Fortbewegung ausgenutzt werden, sondern auch in der Landwirtschaft. Die frühesten Pflugspuren wurden um 4300 v. Chr. in der Umgebung von Egolzwill (CH) registriert. Auf dem Verbreitungsgebiet der Trichterbecherkultur ab 3620 v. Chr. und in den Pfyn / Horgen-Kulturen ab 3200 v. Chr. werden in wachsender Zahl Pflugspuren beobachtet, vor allem in der Umgebung der zur Bestattungsritualen gehörenden megalithischen Grabanlagen (z.B. PÄTZOLD 1960). Teile hölzernen Hakenpflüge erschienen zum ersten Mal in den Fundplätzen von Chalain 3. (3200 v. Chr.) und Chalain 4, Phase 4 (FR, 3100 v. Chr.)[25]

Als allgemeiner Tendenz kann die Tatsache betrachtet werden, dass die aus Holz und Geweih hergestellten Spaten- und Pfluggeräte, mit denen die Bodenoberfläche bearbeitet

---

[22] Heute sind es mehrere spätkupferzeitliche Tierfiguren bekannt, die selbständig (als Plastik) oder als Teil eines Gefäßes (Applikation) vorkommen und an denen unterschiedliche Einspannungsmethoden beobachtbar sind: am Hals der Amphore aus Vác kann ein dreifach gedrehter Seil/Riemen beobachtet werden (KŐVÁRI 2010, 385, Figs 3–7), ähnlich der doppelten Rindfigur aus Bytýn (BONDÁR 2004, 17, Abb. 8,4), während auf dem Ziegelkopf von Vysočany ein die Schnauze umrahmender Riemen zu sehen ist (KŐVÁRI 2010, 389, Fig. 7; 394, Fig. 10,4). Solche Anspannungsmethoden deuten auch darauf hin, dass die Arbeitstiere (Ziege, Esel, Onager, Pferd) nicht nur als Zugtiere vor Furhwerken eingespannt wurden, sondern auch als Tragtiere genutzt wurden.
Die Anspannungsweise kann an den doppelten Rinderfiguren beobachtet werden, die Tiere wurden mit einem Nackenjoch angebunden und das Joch durch Seile ans Gehörn befestigt. Die Darstellung wird durch den hölzernen Nackenjoch-Fund aus Arbon/Bleiche 3 sowie die Seilspuren an den Hörner der Rinder in Balatonőszöd und Bronocice bestätigt. Hier soll auch vermerkt werden, dass laut ethnologischer Untersuchungen die Ochsen gehuft wurden (Winter/Sommerschuh), in der früheren Zeit (vor der Behufung) wurden die Klauen um eine Abnutzung zu vermeiden mit Teer behandelt. Diese Erscheinung kann mit der in den Feuchtbodensiedlungen und in Balatonőszöd beobachteten Teernutzung in Zusammenhang stehen: CAPITANI U. A. 2002, 67–68; HORVÁTH 2010D, 64.
[23] Den Anwachs der Schweinezucht verknüpfen die Archäozoologen im allgemeinen mit der Klimaveränderung, mit dem Eintreffen eines feuchteren Klimas. In einer anderen Interpretation bedeutet der Zuwachs des Schweinebestandes eine konstante Migration, die herausragenden Gipfel zeigen jeweils den Ankunft und die Einschmelzung neuerer Volksgruppen: PÉTREQUIN U. A. 1998, 190.
[24] MILISAUSKAS / KRUK 1991; HAFNER / SUTER 2003, 25–27; TARRÚS U. A. 2006; LIGNEREUX U. A. 2006; FEDELE 2006; SAULIEU / SERRES 2006; JACOMET / SCHIBLER 2006; STEPPAN 2006; LOUWE 2006; BALASESCU U. A. 2006.
[25] PÉTREQUIN U. A. 2006c, 378, Fig. 15. Auf den östlichen Steppen erscheinen die ersten Funde um 3100 cal BC in den Kurgangräbern: Wagenbestattungen in den Kurganen von Ostani (Kubangebiet) und Bal'ki (unterer Lauf des Dnepr), Holzrad in der Siedlung von Koldyri beim unteren Lauf des Don. Sie gelangen durch die Vermittlerrolle der Maikop–Novosvabodnaja-Kultur zur Yamnaja-Kultur, wahrscheinlich von mesopotamischem Ursprung: RASSAMAKIN 1999, 151; ANTHONY 2007, 312. Alexander Gei katalogisierte insgesamt 257 Wagenbestattungen, die zwischen 3100–2200 cal BC datiert werden können: GEI 2000. Die neuesten Ergebnisse bewiesen, dass in der Pre-Ural-Region dem Kubangegend ähnliche frühe Wagenbestattungen existieren: in der Umgebung des Dorfes von Shumaevo sogar zwei Kurgangräber (Taslinski Bezirk), leider ohne weiteren Grabbeigaben: MORGUNOVA U. A. 2003; MORGUNOVA 2004, 64; KAISER 2010. Damit wuchs der Zahl der bekannten und auf die erste Hälfte des 3. Jahrtausend datierbaren Wagenbestattungen auf dem Gebiet zwischen dem Wolga und Ural auf vier (mitunter die Wagenbestattungen der Kurgangräbern von Gerasimovka I. und Izobilnoje I.), dementsprechend lohnt sich die Theorien über den Erfindungsort und die Verbreitungsrichtung des Wagens zu überdenken. Aus den Rädern (D=nur 60 Cm!) des Fundplatzes von Shumaevo sammende vier Radiokarbondaten liegen zwischen 2870–2490 cal BC, 1 σ (MORGUNOVA U. A. 2003, 264–275).

und das Unkraut entfernt wurde und in der Horgen-Kultur ziemlich breit verbreitet waren, nach rund 3060 v. Chr. verschwinden, um ihren Platz dem Pflug überlassen zu können, der die tierische Zugkraft auszunutzend sich als eine neuere technologische Erfindung in der Landwirtschaft durchsetzt.[26]

Zu dieser Zeit verbreiten sich die in Serie hergestellten, mit verschiedenen Heftungen versehenen Erntegeräte und vielleicht erscheinen die ersten Dreschschlitten.[27]

Die Darstellungen des eingejochten Gespannes, des Wagens und des Schlittens, sowie die Pflug-Szenen erscheinen oft an zu dieser Periode gehörenden Felsritzungen, die zwar zu den Höhenheiligtümern gehörenden heilige Darstellungen sind, ihr Thema aus dem profanen Alltag gewannen (FEDELE 2006; SAULIEU / SERRES 2006). Ohne größeren Fehlschluss zu riskieren, können wir feststellen, dass all das was in der sakralen Sphäre eine solche sichtbare Spur hinterließ, musste auch im Alltag eine vermutlich zunehmende Rolle gespielt haben.

Die ersten ausgemessenen Grundstücke und Acker – als Zeichen für das herausbildende Privateigentum und die Zerteilung des Gemeineigentums – können als Darstellungen der Wagen-Szene eines Gefäßes aus Bronocice (PIGGOTT 1983, 41, Fig. 11), auf einer Felsritzung in der Umgebung einer Siedlung (Pescarzo/Giadeghe, Val Camonica: PÉTREQUIN U. A. 2006C, 392, Fig. 27), sowie auf dem vierkantigen sakralen Gefäß aus Szelevény–Vadas (er ist nicht Wagen- oder Schlittenmodell, Kostolac-Kultur: HORVÁTH 2009B; DERS. 2011B; HORVÁTH / BALEN 2012) zusammen mit einer weiblichen Figur und Brillenspiral beobachtet werden *(Abb. 2,3–5)*.

In der Saat rund um die Feuchtbodensiedlungen dominieren in den archäobotanischen Resten Weichweizen, Dinkel und Emmer, Einkorn, Gerste, und als Ölpflanze und Droge der Mohn und der Lein (HAFNER / SUTER 2003, 24–25). In der aufschwingenden Leinanbau kommt eine weiterere Besonderheit zum Ausdruck, der in die Richtung der Veränderung der Textilherstellung und der Kleidung zeigt. Diese Komponente, nämlich der Zucht der zur Spinnen und Weben geeigneten Wolle gebenden Schafe ergab gleichzeitig[28] zwei neue, zur Kleidungsherstellung benutzten Rohstoffe: den Leinen und die Wolle. Die Bearbeitung der zwei neuen Rohstoffe wird im materiellen Kultur durch die Verbreitung

---

[26] PÉTREQUIN U. A. 1998, 189. In den Feuchtbodensiedlungen der Umgebung von Combe d'Ain wurde eine traditionale bewegende Landwirtschaft betrieben, die auf Brandrodung der Wiesen des Bergfußes und auf die Ausnutzung der Waldprodukten basierte („*shifting agriculture*"). Später, die aus unterschiedlichen Richtungen eintreffenden Migrationswellen veränderten diese Taktik und die, mit einer ständigen Bewegung charakterisierbare Landwirtschaft wurde durch die Benutzung von dauerhaften, abgesteckten und wahrscheinlich in Familieneigentum umgewandelten Wiesen abgelöst. Das wird durch die archäozoologischen (Zuwachs des Fleischverzehrs), stratigraphischen und pedologischen Untersuchungen unterstützt. An den Bergabhängen des Chalain-Sees resultierte die Brandrodungstechnik der Waldzone rund um 3000. v. Chr. in wenig erodierten Depositen, die arm an Holzkohle waren, während nach 3000. v. Chr. die Zunahme der Erodierung zu beobachten ist, die gleichzeitig die Häufigkeit zeigt, indem die mit Gras bedeckten Felder mit der Kraft des Feuers zuerst gesäubert und dann mit Getreide besät wurden: PÉTREQUIN U. A. 1998, 189.
[27] Laut ANDERSON 2006 erscheinen die frühesten Dreschschlitten auf dem Gebiet des Fruchtbaren Halbmondes (die Levante, 8000–7500 cal BP). In Ungarn kann das Auftauchen der mit gespaltenen Steinwerkzeugen ausgestatteten Dreschschlitten wahrscheinlich mit der Erscheinung der frühbronzezeitlichen Tellkulturen verknüpft werden (RB-A1–B2), und lebt auch in der mittleren Bronzezeit weiter: HORVÁTH 2004C, Kapitel II. und IV, 20–53, 78–102.
[28] Die Verbreitung der zur Spinnen und Weben geeigneten Wolle gebenden Schafe wird mit der Bevölkerung der Schnurkeramik in Verbindung gebracht, obzwar die große Schafstatue mit Furchenstichen aus dem Fundplatz von Jordanów Śląski (in der Nähe von Wrocław) bereits ein solches Tier darstellt (Jordanow-Kultur, mittlere Kupferzeit): BENECKE 1994, 43, Fig. 51.

der schweren konischen und bikonischen Spinnwirtel bestätigt.[29] Vielleicht ist es kein Zufall, dass diese Spinnwirtel kaum von den Radmodellen unterscheidbar sind.[30] Eine starke sakrale Zusatzladung besitzt die Tatsache, dass in manchen Opfergruben neben den Rind- und Schafskeletten die einzigen Begleitgegenstände Spinnwirtel sind (in Budapest–Káposztásmegyer in der Grube Nr. 42. zusammen mit einem Rindskelett, in der Grube Nr. 19. zusammen mit einem Schafskelett: ENDRŐDI / VÖRÖS 1997; in Balatonőszöd in der Grube Nr. 1795. neben dem Skelett eines Rindes und eines Schweins: HORVÁTH 2006B, 145, Fig. 49).

Die besondere Wichtigkeit des Rindes zeigt auch, dass sie das Leittier der Blutopfer ist. In der Zeitspanne zwischen ca 3500–2500/2200 v. Chr. finden wir das Rindopfer in verschiedenen Kulturen wieder (am frühesten, um 3500 v. Chr. in dem Salzmünde-Komplex, bei der Altmärkischen Tiefstichkeramik, sowie bei der Trichterbecherkultur, später bei den Kulturen: Baden, Bernburg, Walternienburg, Elba–Havel, Złota, Vučedol, Kostolac, Mierzanowice, die spätesten können mit dem Schönfeld-Komplex der Schnurkeramik, sowie der Kugelamphorenkultur im Zusammenhang gebracht werden: POLLEX 1999; JEUNESSE 2006; SZMYT 2006) *(Abb. 6,1)*.

Es muss hervorgehoben werden, dass zwar unter den Opferfunden archäologisch viele Gemeinsamkeiten beobachtet werden können, sie an traditionellen (Keramik-) Funden sehr arm sind. Auf der anderen Seite sind andere Funde mehr präsent und kann ihnen eine besondere Rolle zugeschrieben werden: solche Funde sind der Spinnwirtel, das markante Vorhandensein des Feuers (Brandopfer?), der Sichelglanz auf Sicheleinsätzen, in der jüngeren Periode die dekorierten Bernsteinscheibe (durch die, die Opferfunde mit dem Sonnenkult in Verbindung gebracht werden). In Balatonőszöd kommen die Steinbeile des Öfteren vor, vor allem ihre Bruchstücke.[31] Ihre Rolle ist anhand der an den Kopf der Stieren gefundenen, durch Anschläge hervorgerufenen Verletzungsspuren eindeutig: sie dienten zum Niederschlagen der Tiere *(Abb. 3)*.[32]

---

[29] KÖNINGER U. A. 2001 verfolgen den Badenisierungsprozess in ihrer Studie am Beispiel einiger konkreten Gegenstands- und Fundtypen (Rad, Schleife, Stempel, bikonische Spinnwirtel, Leine).

[30] Der Tendenz der Verwendung von Schafswolle und dessen Zuwachs sind unseres Erachtens nach in den Kulturen gut nachvollziehbar, die für die Dekorierung der Gefäße Schnur/Litzenabdruck benutzten: die japanische Jomon-Kultur, Pre-Yamnaja (Sredniy Stog, Lower Mikhailovka, Rogachyk), Frühe Yamnaja, Mątwy, Tripolje BIII-CII, Trichterbecherkultur (Wiórek Phase, Cuiavian IIIB-C), Rössen, Altmärkische Tiefstichkeramik, und die frühere Phase der Schnurkeramik: über die kulturelle, etymologische und magisch/sakrale Einflüsse der Schnurkeramik zusammenfassend siehe: KOŚKO / SZMYT 2010. Die Schnurverzierung kommt auch (vielleicht auf Einfluß der Yamnaja) in den ostslowakischen Hügelgräbern, sowie in den Nyírség-, Somogyvár-Vinkovci-, und Kisapostag-Kulturen. In der Badener Kultur kamen schnurverzierte Bruchstücke in Ózd-Stadion (BANNER 1956, 100–101, Taf. LXXVII,16), in Kaschau/Košice/Kassa–Barca (BÁTORA 1983, 194), und Vel'ka Lomnica/Kakaslomnic-Burchbrich (BÁTORA 1983, 192, Obr. 6.) vor.

[31] In Balatonőszöd–Temetői-dűlő fanden wir in 10 Opfergruben Bruchstücke von Steinbeilen: HORVÁTH 2006B, 130, 145, Fig. 49; DERS. 2010C, 50–57. Der Rohstoff der Schaftlochbeile ist heimischer Basalt, der in Folge seiner bröckeligen Beschaffenheit bereits während der Ausgrabung in Teilen zerfiel und nicht dargestellt werden können.

[32] Die in den Opfergruben ans Tageslicht gekommenen Rinder baren verschiedene Verletzungsspuren an ihren Körpern. Die archäozoologische Untersuchung ließ folgende Arten der Schlachtung umreißen: das Sprunggelenk wurde durchschnitten und das Rind sank nieder und wurde damit bewegungsunfähig gemacht; die Spuren der Schläge auf dem Kopf mit einem Steinbeil dienten zur Betäubung/Tötung des Tieres: Balatonőszöd–Temetői-dűlő, Grube Nr. 1841: Loch verursacht durch ein Steinbeil am Unterkiefer eines Rindes *(Abb. 3,3-4)*; Budapest–Káposztásmegyer Gruben Nr. 37. und 49; Pécs-Hőerőmű, Grube Nr. 3: auf dem rechten Stirnknochen ein vierkantiges Wundenloch mit gleichmäßigem Rand; mit Hilfe eines scharfen Gegenstandes wurde durch die Rippen oder durch das Schulterblatt eine der inneren Organen verletzt um das Tier ausbluten zu lassen und es zu töten l: Pilismarót–Szobi-rév, Grube Nr. 315. ENDRŐDI / VÖRÖS 1997, HORVÁTH 2006B, 124; DERS. 2010C, 42–57.

All das kann auf verschiedenster Weise erklärt werden: 1/ als multi-kulturelle Erscheinung, 2/ als zufälliges Vorkommen unter, eine ähnliche Lebensweise führenden Kulturen, 3/ als kulturelle Assimilation der einander folgenden und auch territorial teilweise überlappenden Kulturen, 4. als im Leben der Trichterbecherkultur beginnende sakrale „Impulse, Reaktionen", die in den ihr folgenden „Nachkommen"-Kulturen als survival überleben.

In der früheren Fachliteratur wurden mit dem Wagen die Doppelbestattungen von Rindern in Verbindung gebracht (Korek u. a. 1951) *(Abb. 3,1–2)*. Heutzutage wird diese Theorie stark infrage gestellt. Neben den, in den regelmäßigen Gräberfeldern von Alsónémedi und Budakalász freigelegten menschlichen Doppelbestattungen gefundene Rindpaare weisen nicht auf Wagenbestattung hin, sondern an das Vorhandensein des unbestreitbaren Privateigentums und dessen Begrabung mit seinem einstigen Besitzer *(Abb. 6,2)*.

Die, in den Siedlungen freigelegten Opfergruben sind so kleinräumig, dass ein Rindskelett gerade mal hereinpasst, die Beisetzung eines Wagens von unterschiedlichen Rohstoffen oder Ausführung neben dem Rindskelett ist ausgeschlossen. Gleichzeitig kommen in den Siedlungen freigelegte Rindbestattungen oft neben Opfergruben oder Gräbern zum Vorschein, die auch menschliche Überreste in sich bargen *(Abb. 11)*. Das Alter, Typ und Geschlecht der Rinder, sowie das Vorkommen und Position der ganzen Skelette oder Teilskelette sind ganz unterschiedlich. All das kann darauf hinweisen, dass obwohl der Rind ein Leittier der Opfergaben ist, die Tiere während unterschiedlichen Ritualen benutzt wurden.

3. Funde und Befunde aus Balatonőszöd–Temetői-dűlő

In Balatonőszöd wurden insgesamt in 78 Gruben Tier- oder Menschenreste gefunden. In 44 Opfergruben kamen Rinder zum Vorschein, darunter 36 ganze und Reste 36 weiteren Individuen, in 38 Opfergruben wurden durch die archäozoologische Untersuchung 135 ganze Kleinwiederkäuer und Teile 72 weiteren Tieren identifiziert.[1] Zu dieser noch bei Weiterem nicht vollständigen Liste können die Überreste von 76 menschlichen Individuen zugezählt werden *(Abb. 11)*.[2]

Ein Teil der Tieropfer konnten zu Vegetationsriten, sogenannten Agrarriten benutzt worden sein. In einigen Fällen sind die Opfer junge Tiere (Kalb, Ferkel, Schaf), die eindeutig in die Kategorie Jungtier eingeordnet werden können.[3] Nur in einem einzigen Falle kam ein Doppelrindopfer zum Vorschein (Grube Nr. 1856: eine Kuh im adultus-maturus Alter und ein Kalb von 4-6 Monaten, *Abb. 3,1-2*). In anderen Fällen, wenn der Körper mit Berücksichtigung der Körperteile aufgeschnitten wird, aber der ganze Körper in die Grube gelegt wird, finden wir einen Beweis für eine totemistische Abbildung einer Konfliktsituation in der Gesellschaft wieder.[4]

Neben der Vielfalt der Opfergruben müssen wir eine sehr wichtige Bemerkung feststellen: nämlich dass die für das Neolithikum charakteristischen, innerhalb des Hauses befindlichen heiligen Ecken zur Kupferzeit verschwinden, die bisweilen existierenden privaten, in einem engen Familienkreis durchgeführten Riten weihen für die großen, mehrere Leben aufopfernden, totales Erlebnis darbietenden gemeinschaftlichen, kollektiven Riten, die auf größeren kollektiven Räumlichkeiten ausgeführt werden.[5]

Dieselbe Vermutung wird durch die Keramikherstellung der Badener-Kultur unterstützt, vor allem durch die, bei gesellschaftlichen Ereignissen durchgeführten Essens-/Trinkfesten benutzten und zur etlichen Manipulationen von Flüssigkeiten dienenden spezifischen Gefäßen, wie z.B. die Doppelgefäße, *Pseudokernoi*, Flaschen, Fischbuttellen, Soßenschalen, anthropomorphe und gynekomorphe Gefäße, Wagenmodell-Gefäßkombinationen und die von A. Sherratt als „*cheers-cup*" benannten Schöpfgefäße. A. Sherratt traf den Nagel auf dem Kopf, als er die Errungenschaft der neuen Periode beschrieb: „*Alcohol and animal traction – drinking and driving*" (Sherratt 2004, 30). Die meisten, oben genannten Gefäßtypen sind auf dem Fundplatz von Balatonőszöd in den blutigen Opfergruben als Begleitgefäße vorhanden (Vgl.: Horváth 2010b, Ders. 2012b).

Obwohl heutzutage das Fahren mit gewisser Promille-Gehalt im Blut nicht als gesellschaftlich anerkanntes und ausgezeichnetes Benehmen angesehen wird, ganz am

---

[1] Horváth 2006b, Appendix von István Vörös: Ibid. 145–146, Tab. 1; 2; Horváth 2010c, 44, Tab. 2; Ders. 2014, Chapter 3.2.
[2] Horváth 2004b; K. Zoffmann 2004; Horváth 2010c, 15–42.
[3] In 5 Gruben Kälber: Nr. 988–1090, 1143, 1493, 1772, 1856: Horváth 2006b, 117–125; Horváth 2010c, 50–57.
[4] Vgl. Douglas 2003; Radcliffe-Brown 2004, 106–119.
[5] Vgl.: die Institution des Gabentausches, vielleicht *Potlatch*?: Horváth 2006a, 104–106; 116–120; Ders. 2008a, 182–184; 2010c, 2–15.

Anfang konnte es anders gewesen sein. Vielleicht war der Fahrer unter Alkoholeinfluss die beste „Werbung" für seine Unternehmung, den wir als einen „Olysses-Archetyp" uns vorstellen können: Händler, Weltreisende und Abenteurer/Krieger in einer Person.[6]

Leider wissen wir nicht, was die für die Haltung der Flüssigkeiten dienenden Gefäße konkret beinhalteten: laut Vermutung enthielten sie zum ersten Mal fermentierten Milch, Getreide und Obstderivate (Bier, Fruchtwein), deren Entstehung als Folge der zunehmenden Viehzucht und Landwirtschaft zu verdanken ist. Untersuchungen der inneren Oberfläche der Badener-Gefäße ergaben bisweilen nur Hinweise auf fermentierten Milch und tierisches Fett von Kleinwiederkäuer.[7] Diese Stoffe wurden in, mit Birkenteer wasserdicht gemachten Amphorentypen verwahrt, die die meisten Wagentransporten ausmachten.[8] Die Wagentransporten ließen die kurrenten Produkte der Periode auf mehreren Hundert Kilometer langen Strecken auf Lande zirkulieren, die neben den oben genannten Flüssigkeiten auch Wolle und Leinenprodukte, Obsidian aus den Karpaten und *Triton*-Muschel aus dem Mittelmeerraum enthielten.[9]

Wenn wir aber zur Verbindung zwischen Fahren und den mit Flüssigkeiten durchgeführten Manipulationen – Trankopferrituale – zurückkehren, ist es bemerkenswert, dass unter den Wagenmodellen der Badener-Kultur fünf derart ausgebildet sind, die auf jedem Fall als Mischformen von Gefäßen mit Henkel und von Wagenmodell angesehen werden können, die restlichen Funde sind derart fragmentiert, dass sie weder pro oder kontra etwas beweisen ***(Katalog**, Tabelle 1)*. Dass diese Funde sowohl in den Gräbern der Gräberfelder, als auch in den Siedlungsgruben ans Tageslicht kamen, macht die Frage noch komplizierter, da wir sie nicht eindeutig als Gegenstände betrachten können, die nur während der Totenritualen benutzt wurden.

Weitere Daten liefern zur gemeinschaftlichen Ereignisse und Ritualen der Badener-Kultur die bekannten Gefäßdepots (Donnerskirchen, A; Dretovice, CZ), die Augenzeugen der ersten Symposien, gemeinsamer Mahle und Trinkfesten gelten können.[10]

Im Fundgut des Fundplatzes aus Balatonőszöd–Temetői-dűlő werden hier drei kleinere Grabungsflächen („*Complex Area*") aus den freigelegten 100000 m² ausgewählt, wo wahrscheinlich solche Rituale durchgeführt wurden, wobei eine oder mehrere der oben angeführten Aspekten eine Rolle bekommen haben konnten.

---

[6] Vergleichend mit der Bronzezeit siehe: Demakopolou u. a. 2000; Kristiansen / Larsson 2007; Helms 1988.
[7] Craig u. a. 2003; Spangenberg u. a. 2006.
[8] Auf der Inneren der Keramik aus Balatonőszöd–Temetői-dűlő identifizierten M. Hlozek und M. Prokeš Birkenteer. Teer wurde vor allem zur besseren Auffangen von Flüssigkeit verwendet, spielte aber auch bei der Dekorierung der Gefäße eine große Rolle und war in Nord-Ost- und Westmittel-Europa in der Vorgeschichte weit verbreitet. Die Verbreitung können wir mit höchster Wahrscheinlichkeit auch auf die osteuropäischen Gebieten verschieben: Horváth 2010d, 63–64; Gherdán u. a. 2010, 98–103.
[9] Aus zwei Fundplätzen (Bodman und Bodman-Schachen) kennen wir Tritonhorn (*Tritonium cutaceum* Lam.) beim Constance/Bodener See: Maier 1955, 169. Zwei weitere Tritonhörne (*Tritonium nodiferum*) sind aus Keszthely–Fenékpuszta (aus einem Protoboleräzer Gebäude) und aus Budapest–Békásmegyer bekannt, alle vier sind Hinterlassenschaft der Boleráz/Badener-Kulturen. Die Tritonschnecken konnten als Hörne, Musikinstrumente, Prestigegegenstände oder spezielle Artefakte (Zeichen des Boten) und was ihren Inhalt anbelangt auch als Narkotika verwendet werden. Ihre Nachahmungen aus Ton finden wir in der Form von *Rython*-Gefäßen unter den speziellen Keramikfunden der Boleráz/Badener-Kulturen wieder: Horváth 2006a, 118; Horváth 2008a, 195–196.
[10] Sherratt 2004, 381, Fig. 15,4, 15,5. Vielleicht als Gefäßdepots interpretierbare Gefäßensembles kennen wir aus Csincse, Esztergom–Szentkirályi dűlő, Jánosháza–Fürdődomb, Kajárpéc-Pokolfadomb: Bondár 2001, 438, Fußnote 10. Die Badener-Kultur ist die älteste bekannte vorgeschichtliche Kultur des Karpatenbeckens, bei der der Brauch des Symposiums beweisbar erscheint.

Entlang der Quadranten Nr. 51–52/12, 13, 14 wurden ein auf Pfosten stehendes Haus (Pfahlbau, sakrales oder Wohngebäude: Horváth u. a. 2007); zwei, jeweils 3 menschliche Individuen beinhaltende Opfergruben (Nr. 744, 981) und dazwischen eine mit Keramik überfüllte Grube (743) freigelegt. Aus dieser Letztgenannten wurde nach der Restaurierung einer Feldflasche ähnliche, aufhängbare Amphore rekonstruiert, an deren Seiten zwei an aufgehobenen Armen erinnernden Hörnchen angesetzt waren (Handgefäß) *(Abb. 7)*.

In den Quadranten Nr. 55/30, 31 müssen drei besondere Gruben und deren Inhalt näher besprochen werden: in der Grube Nr. 1988 kamen ein Hüftbruchstück einer flachen weiblichen Idol, in der Opfergrube Nr. 1992 ein an der Seite gelegenes in Hockerlage bestattetes menschliches Skelett (Nr. 59, weiblich, im Alter von 43-47 Jahren) ans Tageslicht, und schließlich die Stierkopfprotome, der von einem Wagen oder Schlittenmodell abgebrochen ist, die aus der Grube Nr. 1998 stammt *(Abb. 8)*.

In den Quadranten Nr. 38–39/4, 5, 6 haben wir insgesamt sechs einander ganz naheliegende Tieropfergruben freigelegt (mehr detaillierte Beschreibung siehe im Katalog!). Neben den tierischen Skeletten wurden in den Gruben gespaltene Steinwerkzeuge mit Sichelglanz, Bruchstücke von Steinbeilen, die Hälfte eines Spinnwirtels und aus der Grube Nr. 1794. eine aufhängbare, mit roter Farbe bemalten, eingedrückten Linien dekorierte und in Ansa Lunata schließende Miniaturamphore freigelegt *(Abb. 9)*.

4. Diskussion

Untersuchen wir die Einstellung der Periode zu den, den Bewusstsein verändernden Mittel scheint es heute so, dass an den einst so oft durchgeführten und blutigen Ritualen die wichtigste Rolle die Narkotika gespielt haben (Alkohol, Muschelgift), wie dass durch das häufige Vorkommen der Funde und der speziellen, Flüssigkeit beinhaltenden Gefäße in den oder in der Umgebung der Opfergruben andeuten (Vgl. HORVÁTH 2010B). Wir dürfen aber nicht denken, dass das Erreichen des illuminierten Zustandes mit dem totalen Erlebnis gleichgesetzt werden kann und somit auch sein Ziel erreichte: die Alkoholisiertheit diente nicht denselben Zweck, wie heute (die vielleicht mit unterschiedlichen Graden der frivolen Vergnügung, der Langeweile oder der Ernüchterung beschrieben werden kann). Alkohol war in den spätkupferzeitlichen Gesellschaften ein äußerst benötigter, während der speziellen, gemeinschaftlichen Ritualen benutzter Genussartikel, zu dem jeder, an den Ritualen Teilnehmenden Zugang haben konnte, und – neben der Auflösung der Hemmungen – das gleiche Kollektiv-Erlebnis bat.

Wieso war all das so sehr notwendig? Vielleicht damit Menschen und Tieren geschlachtet werden konnten, und zwar in diesen Maßen, die auch die archäologischen Untersuchungen unterstützen, es war wirklich notwendig diesen illuminierten Zustand zu erreichen, weil man anders das Gefühl der „heute dir-morgen mir" nicht ertragen konnte.[1]

Die Frage ist natürlich was diese häufige Schlachthaus-Atmosphäre in den Kulturen der Periode induzierte. Es ist sehr wichtig zu betonen, dass diese gesteigerte Form der Opferhandlungen nicht für die ganze Lebenszeit der von uns bekannten Badener-Kultur im Gebrauch war: aus der Bolerázer Phase kennen wir nur einige menschliche und tierische Opferfunde (die meisten dieser können vermutlich eher als Siedlungsbestattung interpretiert werden).[2] Das Erscheinen der sakralen Befunden und der speziellen Funde (Idolen, Brustgefäße usw.) in der Siedlung von Balatonőszöd beginnt in der Übergangsperiode der Bolerázer zur Badener Entwicklung, d.h. (nach dem typologischen System von NĚMEJCOVÁ-PAVÚKOVÁ 1981) in den Phasen IIA/B.[3]

Irgendwann zwischen 4000 und 3500 v. Chr. liefen in den mitteleuropäischen Regionen ähnliche Prozesse zwischen den einzelnen Kulturen ab, vielleicht unabhängig voneinander, oder vielleicht mit einer gewissen Überlappung. Das Wesen der Veränderungen wurde durch die neuen technischen Innovationen bedingt, die vor allem in dem wirtschaftlichen Leben ihre primären Einwirkungen zeigten. Demzufolge wurden die Landwirtschaft und Tierzucht in einer vorher nicht bekannten Maße gesteigert, und die überschüssige Produktion die durch die Ausbreitung der wirtschaftlichen Perspektiven hervorgerufen

---

[1] Es muss hier vermerkt werden, dass zwar in Balatonőszöd als unnatürlich erscheinende Mengen von menschlichen und tierischen Opfer beinhaltenden Gruben freigelegt wurden, liegt die Größe der Zahlen nicht in der Besonderheit der Siedlung, sondern in der Tatsache, dass es uns glücklicher Weise gelang, eine derart große Fläche freizulegen. Ich bin der Überzeugung, dass wenn wir auf anderen Badener Fundplätzen genauso große Flächen freilegen, bekämen wir den von Balatonőszöd ähnliche Verhältnisse. Diese Tatsache wird dadurch bestätigt, dass in den freigelegten Siedlungsteilen, wo mehr als 10 Gruben ans Tageslicht kamen eine der Befunden mit Sicherheit Opferfund in sich barg, und die Zahl der Opferfunden wächst in Proportion mit der Größe der Grabungsflächen bzw. der Anzahl der Befunden.
[2] Vgl. HORVÁTH 2004B; DERS. 2006B, 2010C.
[3] Vgl. HORVÁTH 2010A; DERS. 2010B, 2012B.

wurde, konnte nicht mehr nur durch Wasserwege, sondern ab sofort durch die, in die Tiefen des Landes durchführten Expeditionen überall hinlangen, und bereicherte die Geborenen der Epoche mit einem vorher nicht erlebten Entdecker- und Handelsvermögen. Der Wohlstand wurde mit einer demographischen Explosion begleitet, die eindeutig zur Entstehung der großen, auf weiteren Ländern verbreiteten mit ähnlichen materiellen Kultur und Qualität ausgestatteten Kulturen führte. Trotz einer derartigen Entwicklung und eines Informationsaustausches entwickelte sich die Landwirtschaft nach einem solch versprechenden Anfang nicht auf einem bemerkenswerten Niveau (wie z.B. in Mesopotamien oder eine Phase später auf dem Balkan). Diese explosionsartige Entwicklung, die durch die Endphase der Boleräzer-Kultur und Entstehung der klassischen Badener-Kultur um 3300–3000 v. Chr. abgeschlossen wird, wurde von einem äußeren Faktor, der auf allen, auf dem Gebiet Europas lebenden Kulturen einwirkte, ein Ende gesetzt.

Die meisten Forscher, die sich mit der Klimaveränderung im Holozän beschäftigen, sind sich darüber einig, dass es zur Verschlechterung des Klimas gekommen ist, die auf der ganzen nordischen Hemisphäre ihre Wirkung ausübte: die Jahresringe der irischen Sumpfeiche, sowie der kanadischen Tanne werden für Jahrzehnte derart verkleinert, dass sie fast verschwinden. Die mehr abenteuerlich eingestellten Forscher rechnen mit dem Eintreffen eines Kometen, die etwas konservativeren Wissenschaftler erklären dieses Phänomen mit einer Sonnenaktivität oder einem bisweilen nicht identifizierten Vulkanausbruch, nach dem in der Atmosphäre eine Katastrophe abgespielt haben sollte, und als Folge den Haushalt, Niederschlagsmenge und Säuregehalt der Atmosphäre veränderte. Die Zahl der Sonnenstunden verminderte sich, eine fast konstante Wolkenbedeckung kennzeichnete diese Periode und die UV-Strahlung nahm zu.[4] Diese Erschütterung kann im Großen und Ganzen mit dem Wechsel der Boleräzer-Badener Kulturen parallelisiert werden. Die kulturelle Antwort der, diese Naturkatastrophe überlebenden Badener-Population erscheint als Wunsch nach Stabilität in der Steigerung der blutige Opfer benötigenden sakralen Handlungen, die in der klassischen Phase der Badener Kultur ihren Höhepunkt erreichen, und auch noch in der Post-Badener-Periode (in der Übergangsphase von der Spätkupferzeit zur Bronzezeit und am Anfang der Bronzezeit) bei der Kostolac-, Vučedol-, Schnurkeramik, und Mierzanowice-Kulturen die Wirkung der Dissonanz zeigte.

---

[4] Es sind zwei größere, vor allem feuchtere und teilweise auch kühlere Perioden nachweisbar, die den Wasserspiegel der mittelwesteuropäischen Seen erhöhte: die eine zwischen 3550–3250 cal BC, und die spätere rund um 2900 cal. BC: BAILLE / MUNRO 1988; GROSS-KLEE / MAISE 1997; MAGNY 2004; MAGNY / HAAS 2004; ARBOGAST U. A. 2006.

[Pál] Sümegi und seine Forschungsgemeinschaft führten geoarchäologische Unteruchungen entlang des südlichen Plattensees durch, wobei sie an mehreren Fundplätzen in den Bohrproben eine Tefra-Schicht identifizierten, die mit direkter Pollen-Kreuzdatierung auf das Spätneolithikum/Frühkupferzeit datiert wurde. Unseres Wissens nach wurden an den Proben noch keine Radiokarbonmessungen vorgenommen deshalb kann sich diese relativchronologische Datierung im Lichte der Ergebnisse verändern. Es ist durchaus vorstellbar, dass hinter den Veränderungen in der Athmosphäre – auch die Verbreitungskarte der Rindbestattungen vor Auge haltend – ein nordeuropäischer Vulkanausbruch stehen kann, dessen Tätigkeit in die mittlere Kupferzeit, während seine Auswirkung erst in die Spätkupferzeit datiert werden können (SÜMEGI U. A. 2011).

5. Konklusion

Nachdem es am Beispiel des von uns freigelegten und bearbeiteten Materials aus Balatonőszöd dargestellt wurde, welche Veränderungen die Erfindung des Rades für die Badener-Kultur bedeutete und diese Veränderungen im europäischem Raum verfolgt wurden, knüpfen wir die mitteleuropäische Region in die Geschichte der damaligen alten Welt an.

Anhand der Untersuchung der Erfindung und Verbreitung des Rades warf A. Häusler als erster die Möglichkeit einer lokalen, europäischen Entwicklung des Wagens auf.[1] Wie wir es am Anfang unserer Studie zeigten, kann heute anhand der, von drei sich mit dem Thema beschäftigenden Forschern ausgearbeiteten Modellen abgemessen werden – obwohl wir von denselben archäologischen Funden, Befunden und Daten ausgehen – wie unterschiedlich dieser Fragenkreis interpretiert werden kann.

Das Modell von Sherratt vermutet den Erfindungsort des Rades im Nahen-Osten, und datiert den Zeitpunkt um 4000 v. Chr. Von hier aus verbreitet sich die Innovation linear durch die Steppen etwa 3000 Km zurücklegend und erreicht Europa ca. 3500 v. Chr. (Pétrequin u. a. 2006c, 364, Fig. 4,1).

Laut Matuschik liegt das Zentrum der Erfindung in den Steppenlandschaften des Schwarzen Meeres (*Pontus*) um ca. 3800 v. Chr. Von hier aus verbreitet sie sich in zwei Richtungen die gleiche, ca 1600 Km lange Strecke hinlegend: in west-nordwestliche Richtung gelang sie durch die Steppen nach Europa, in östliche-südöstliche Richtung durch den Kaukasus erreicht die Innovation Mesopotamien (beide Richtungen treffen am Ziel um 3500 v. Chr. an: Pétrequin u. a. 2006c, Fig. 4,2).

Vosteen vermutet zwei gleichzeitige Zentren (3500 v. Chr.): das eine ist das Karpatenbecken, von hier aus verbreitet sich das Rad nach Norden, Nordwesten und Osten, das andere Zentrum liegt im Nahen Osten, von da verbreitet sich die Technologie in nördlicher, nordöstlicher Richtung weiter (Pétrequin u. a. 2006c, Fig. 4,3).

Im weiteren untersuchen wir die Veränderungen im Nahen Osten, sowie auf den betroffenen Gebieten der Steppe und versuchen die gemeinsamen oder unterschiedlichen Faktoren zwischen den oben genannten Gebieten und Mitteleuropa zu erläutern.

Die Entwicklung des Nahen Osten kann mit dem Phänomen der sogenannten Urukexpansion zur Badener-Kultur und zur untersuchten Zeitspanne angeknüpft werden (Sherratt 2003, 422–424). Die Umwertung der Absolutchronologie der Boleráz/Badener-Kulturen (3600/3400–2600/2400 v. Chr.) und ihre territoriale Verbreitung ermöglicht die Vermutung, dass die aus Mesopotamien herausströmende Bevölkerung und ihr technologisches Wissen tatsächlich auf einer direkten oder undirekten Weise am Schwarzen Meer und in der Mündungsgebiet der Donau (Donaudelta, Dobrudja, Umgebung von Cernavodă) mit

---
[1] Häusler 1985, 121–133. Nach seiner Meinung können die europäischen Wagen von den Funden der Grubengrab/Kurgan-Kultur (*Pontus*-Gebiet) nicht hergeleitet werden, genauso wenig wie die letztgenannten von den Funden und Darstellungen aus Vorderasien und Transkaukasien.

der Badener-Bevölkerung in Kontakt getreten haben konnte. Auf dieser Weise ist es nicht auszuschließen, dass das Rad und der Wagen als kulturelle Adaptation aus dem Nahen Osten zur Badener-Kultur gelangten.

Unser größtes Problem mit der Region ist, dass obwohl die Entwicklung der Transport von den einfachen Schlitten, durch das Erscheinen des Rades bis zu den entwickelten verschiedenen Wagen (Transport-, kultische Todeswagen, Kampfwagen, Paradenwagen usw.) im Nahen Osten fast von Schritt auf Schritt verfolgt werden kann, die Interpretation der Darstellungen erweist sich oft als sehr problematisch (auf den frühesten Piktogrammen als Schlitten, Schleife identifizierbare Abbildungen sind z.B. fraglich).

Die Wagen- und Radfunde der königlichen und reichen Gräber, die während im letzten Jahrhundert durchgeführten Grabungen freigelegt wurden, entsprechen nicht mehr unserer Erwartungen der Qualität der Beobachtungen, der Zustand der Funden und die Art ihrer Konservierung schließen eine Probeentnahme und moderne Radiokarbon-Messungen aus. Ihre archäologische Datierung ergibt keine genauen Daten, da gerade einige 10 oder 100 Jahre entscheidend werden können. Es bleiben nur die Funde der modernen Grabungen als maßgebende Ausgangspunkte, deren Zahl und die Menge der untersuchbaren Funde sehr gering sind.[2]

Die südrussische Steppe, die sich auf dem enorm großen Gebiet zwischen den Flüssen Ural und Dnester bzw. zwischen den 45° und 50° Breitengraden erstreckt (im weiteren auch West-Asien-Kaukasus und Mittel-Asien und Inneren Asien in sich enthält) und deren südliche Grenze durch das Schwarze Meer und den Kaukasus bildet ist aus der Sicht unserer Untersuchung genauso wichtig, aber kämpft mit denselben Datierungsproblemen.

Die Vorgänger der Wagen, die einfachen Schlitten erscheinen auf Gefäßmodelldarstellungen und in Form von, mit Tierprotomen ausgestatteten Gefäßen in der älteren Phase der Tripolje-Kultur (ihre Benutzung ist sogar ab dem Paläolithikum fortbestehend). Die Wagendarstellungen erscheinen ab dem Übergang der Tripolje B2 zu C1 Phase (erste Viertel des 4. Jahrtausends). In den Fundplätzen der Yamnaja und Katakomben-Entität erscheinen das Rad und der Wagen als Darstellungen auf Petroglyphen (z.B. der Kurgan von Kamenaja Mogila), als tönerne Wagen-Modelle (z.B. der Kurgan von Tri Brata) und in ihrer Wirklichkeit nicht nur als Begleitfunde in den Gräbern, sondern auch in den Höhenheiligtümern und in den Siedlungen. Die Rad- und Wagenüberreste sind in ihren Maßen größer als die aus Europa (der Durchmesser des Rades beträgt im Durchschnitt 1-1,5 Meter), aber auch die Konstruktion der Wagen ist unterschiedlich: sie sind viel höher gebaut, die durch lokale, geografische Faktoren bestimmt ist.[3]

Früher wurde dieses Gebiet, als ein mögliches frühes Zentrum in der Herausbildung des Rades und des Wagens an Seite geschoben, weil die für den ältesten Entwicklungsgrad gehaltenen zweirädrigen Prototypen ganz fehlten,[4] und die frühesten Funde um 3100/3000 cal BC datiert wurden. Heute kennen wir sowohl aus der Yamnaja- als auch aus der

---

[2] Vgl. Mari: BUTTERLIN / MARGUERON 2006.
[3] Das Interessante ist, dass anhand der Forschungen von Rumyantsev, der Wagen aus dem Kurgan von Trialeti in einem einwandfreien Zustand, ohne welche Nutzungsspuren ans Tageslicht kam: PIGGOTT 1983, 68. Die Zusammenfassung der frühen Wagenmodelle der Steppenregion hinsichtlich der ungarischen Urgeschichte siehe FODOR 1991, 117–120; DERS. 1992, 138–142.
[4] IZBITSER 1993; KUZMINA / MAIR 2007, 49–52, Fig. 20.

Katakombenkultur zweirädrige Wagenfunde (Deischelbockwagen),[5] und die in dem Pre-Ural liegenden Gebieten nicht allzu lange freigelegten Kurganbestattungen bilden ein selbständiges, von West-Asien und dem Nahen Osten vielleicht unabhängiges, ihnen ähnliches frühen Zentrum (MORGUNOVA U. A. 2003).

Es ist nicht auszuschließen, dass die Badener-Kultur in einen unmittelbaren Kontakt mit der Tripolje-Cucuteni-Kultur kam, da der „Badenisierungprozess" im Fundgut dieser wiederzuerkennen ist.[6] Auf dieser Weise konnten das Rad und der Wagen, sowie andere Technologien und Erfindungen aus der Steppe durch eine mehrfache Vermittlerrolle der Tripolje-Kultur zur Badener-Kultur gelangen, oder sogar durch eine unmittelbare kulturelle Adaptation, wie das Erscheinen der Yamnaja-Kultur, vor allem ihre Kurganbestattungen auf den Boleráz/Badener-Gebieten jenseits der Theiß.[7]

Alle drei Gebieten werden durch ein gemeinsames Phänomen aneinandergebunden: und zwar dass das Rad und der Wagen nach ihrer profanen Erscheinung (Benutzung in der Landwirtschaft, bei Transport und Handel) zu einem wichtigen sakralen Symbol, einem besonderen Protagonisten in den Ritualen (Höhenheiligtümer) wurden, die sowohl in den Siedlungen, als auch während der Bestattungen durchgeführt wurden. Die Benutzung des Wagens in den Bestattungsritualen und ihre Verwendung als Grabbeigabe ist ein Phänomen, das auf einer direkten Weise auch in der europäischen Region erkennbar ist (wir denken hier in erster Linie auf die Radspuren im Grab von Flintbek, sowie an den Modellen der Badener Gräber), aber eine solche Anwendung, die in der russischen Steppe oder im Nahen Osten zu beobachten ist (auch wenn wir die hiesigen schlechten Konservierungsumstände der organischen Materialien in Betracht ziehen), kann archäologisch nur in den späteren Perioden (ab der früheisenzeitlichen Hallstatt-Kultur) nachgewiesen werden.

Wir besitzen keine Beweise, ob der Wagen im mitteleuropäischen Raum gleich am Anfang zu einem Prestigegegenstand wurde und im Besitz einer einstigen privilegierten Machtelite war, im Gegensatz zu den anderen zwei Gebieten, wo dieses Phänomen ab dem Anfang eindeutig erkennbar ist.

Eine grundlegende Gemeinsamkeit auf allen drei Gebieten in dieser frühen Periode ist das Auswählen der, vor dem Wagen eingespannten Tieren (in allen drei Gebieten ist dieses Tier der Rind).[8]

Gleichzeitig taucht ein wesentlicher Unterschied in der funktionalen Ausnutzung der Wagen auf, nämlich dass in den mesopotamischen Regionen die, für den unterschiedlichen Gebrauch angefertigten Wagen sehr früh erschienen (Streitwagen), im Gegensatz zu

---

[5] Storozhwaja Mogila, Pervo-Konstantinovka Kurgan Nr. 1, Bestattung Nr. 8, Marievka, Kurgan Nr. 11, Bestattung Nr. 27, Lola: KUZMINA / MAIR 2007, 52.

[6] Der „Badenisierungsprozess" spielt sich in der späten IIC Phase der Tripolje-Kultur ab, in absolutchronologischen Daten im Zeitraum zwischen 3600 und 2800 v. Chr. Dieser Prozess, der in erster Linie anhand der Dekorierung und Formgestaltung der Keramik nachvollziehbar ist, richtet sich im Grunde auf das Anschaffen von Rohstoffen (Feuerstein, Kupfer, Stein) und auf die Übernahme von neuen Technologien: VIDEIKO 2004, 365–366; SPITSYNA 2004.

[7] Vielleicht kann in der Gefäßherstellung auch die Benutzung der *Pseudokernoi* mit den östlichen Gebieten in Verbindung gebracht werden: NEVIZÁNSKY 2000, RUTTKAY 2001, 522; HORVÁTH 2009A, 115. Zu den Kontakten zwischen den Boleráz/Badener-Kulturen und der Yamnaja-Kultur siehe: HORVATH 2011A, 2012A.

[8] In den späteren Perioden wird in Osteuropa der Rind durch das Pferd, und im Nahen Osten durch den Onager/Wildesel abgelöst. Neben dem Rind verbreitet sich als Zugtier auf den östlichen Gebieten zuerst das Kamel, und später auch das Pferd (KUZMINA / MAIR 2007, Chapter 2, 18–39).

den mitteleuropäischen Regionen, wo die neue Erfindung eine lange Zeit hindurch einheitlichen Charakter aufweist, und grundsätzlich eine „friedliche" Benutzung belegt.

In diesem, auch miteinander vermischenden, zusammengesetzten mitteleuropäischen Netzwerk von Kulturen sind die unberechenbaren, stark fluktuierenden und deswegen zum ernsthaften Ackerbau ungeeigneten Wetterbedingungen vorherrschend, in dessen Folge die Tierzucht in den Mittelpunkt gelangte, wodurch die größte Entwicklung sich in diesem Bereich entfaltete (Ausnutzung der tierischen Zugkraft, Milchprodukte, Gärung, Verarbeitung von Schafswolle usw.). Wegen den raschen Schwankungen im Niveau der Niederschlägen und ländlichen Gewässermengen und wegen dem steigenden Tierbestand und wachsender Bedeutung der Tierzucht verbreiteten sich unter diesen Kulturen entlang der Gewässer die Pfahlbausiedlungen, die durch die ewige Mobilität, die dauernde Bewegung des Tierbestandes und kurze Aufenthalte an einem bestimmten Ort charakterisierbar sind. Es ist vielleicht kein Zufall, dass in den hervorragende Holz-Konstruktionen benutzenden und über entwickelte Zimmermannskenntnisse verfügenden Siedlungen die frühesten mit der Wagenfahrt in Verbindung stehenden Funde ans Tageslicht kamen (vgl. Arbon Bleiche 3, Bad Buchau, Stare Gmajne, Balatonőszöd, Esztergom–Szentkirály): in diesen Siedlungen entstand ein neuer Beruf, die Holzbearbeitung höchsten Grades. Es erscheinen die ersten zur Lagerung von Flüssigkeiten ausgebildeten neuen Gefäßformen, die mit Kanneluren und eingeritztem Zickzack-Muster dekoriert wurden. Die entscheidenden Schauplätze der Gemeinschaftsritualen verlagerten sich in die Nähe der Höhenheiligtümer der Berglandschaften, die durch Felsritzungen und Stelen gekennzeichnet sind. In den Badener Siedlungen der Ebenen können innerhalb der Siedlungen die Schauplätze der monumentalen Gemeinschaftsritualen beobachtet werden, die am Zusammentreffen der Kontaktzonen von West-Mittel–Europa und Osteuropa in blutigen Opferritualen, hier und da durch Stelen begleitend sich manifestieren, während in der östlichen Steppenregion die ähnlichen Erscheinungen bei den Bestattungen (Kurganen) und in den Stein/Felsen-Heiligtümer ablaufen, gleicher weise in der Begleitung von Stelen und Felsenritzungen. Die neuen Erfindungen (Produkte der Metallverarbeitung, Rad, Joch, Pflug) werden in kurzer Zeit zu bedeutenden Symbolen des sakralen Lebens.

Es ist jedoch interessant, dass die Funde der Bolerázer und Badener Kulturen, die das Kenntnis des Rades und der Wagenfahrt belegen auf den Gebieten östlich der Donau (z.B. auf der Ungarischen Tiefebene, im Nordungarischen Mittelgebirge und in der Zips) nicht verbreitet waren: im Lichte der heute bekannten Funde kann festgestellt werden, dass ihre damalige Kenntnisse nicht mit der Steppenregion und der Yamnaja/Cucuteni–Tripolje Kultur in Verbindung standen – zumindest nicht direkt. Auf Grund der Untersuchung der Errichtung von Stelen wurde die Doppeleffekt der Einwirkungen der Alpengebiete und Steppenregion (deren Trennlinie irgendwo entlang der Donau verlief) in der spätkupferzeitlichen Karpatenbecken bereits erörtert (HORVÁTH 2009A, 116–117), die selbe Doppelauswirkung könnte in der Zukunft mit der Verbreitung der Kenntnisse über Rad und Wagenfahrt bestätigt werden (vgl. BURMEISTER 2010, 225).

Die bis heute bekannten und aus dem Karpatenbecken stammenden Bolerázer-Funde geben den Anschein, dass in der frühen Phase der Kultur die auf Rädern rollenden Transporteinrichtungen nicht bekannt und nur die verschiedenen Formen von Stangenschleifen üblich waren (die mit vier durchbohrten rudimentären Rädern ausgestatteten Wagenmodelle aus Moha und Balatonberény, sowie das undurchbohrte vierrädige Modell aus Kaposvár bestätigen das Kenntnis des Rades nicht, sie sind eher

Anzeichen des kulturellen Unvermögens oder für eine misslungene Übernahme, oder demonstrieren vielleicht eine anfängliche oder experimentelle Entwicklungsstufe) während die Funde der Badener Kultur auf unterschiedlichen Rädervorrichtungen sich rollend fortbewegen und zwar auf vier Rädern!

Es ist zu vermuten, dass die anfänglichen, oder in Übergangs- oder in entwickelter Form erscheinenden Wagenmodelle mit vier Rädern später datierbar sind, und in die Stufe eingeordnet werden können, in der die beiden Kulturen bereits nebeneinander lebten, also in der Zeit zwischen 3300 und 3000 v. Chr. Folglich erfolge die Übernahme der Kenntnis des Rades aus der Badener Kultur in die Bolerázer-Kultur. Wie sie aber zur Badener Kultur gelangte kann auf Grund der grundlegenden Probleme über Entfaltung und innere Chronologie der Kultur nicht einmal umgerissen werden: auf gleicher Weise kann die Übernahme aus dem Nahen Osten wie aus Osteuropa in Betracht gezogen werden (auch auf indirekter Weise, durch Überspielung anderer Kulturen, Vgl. MARAN 2004: Donaudelta, Cernavodă III?).[9]

Gleichzeitig kommen die mit der Wagenfahrt im Zusammenhang stehenden Funde der Boleráz/Badener Kulturen neben großen Flüssen oder am Uferbereich sonstiger Gewässer zum Vorschein *(Abb. 12)*. Diese Tatsache unterstützt unsere Hypothese den Handel betreffend, dass diese Transportmittel zur ländlichen Transport der in den Häfen der Ufersiedlungen antreffenden Produkten (vor allem Luxusartikel, wie z.B. Leinen, Töpferwaren, Metallerzeugnisse, Alkohol) benutzt wurden, oder vielleicht sogar zur Tauerei (Handelshäfen: HORVÁTH 2008A, 178–180).

Im Lichte der oben angeführten Tatsachen verbleibt die Frage noch lange unbeantwortet: ob die Erfindung des Rades und der Wagenfahrt ein unabhängiges Ergebnis oder Auslöser der, auf dem Gebiet Europas zwischen 4000–3000 v. Chr. abgelaufenen Veränderungen ist, oder eine, von anderen, grundsätzlich unterschiedlichen Zivilisationen übernommene Reform, kulturelle Errungenschaft.

---

[9] KOŚKO / KLOCHKO 2009, 16: die Routen sind Südlicher Bug/Boh–Westlich-Bug–Wieprz–Weichsel/Neman, Südlicher Bug/Boh–Westlich-Bug–Weichsel/Neman, und Inhul/Dnepr–Prypjat-Südlicher-Bug–Weichsel/Neman, Inhul/Dnepr–Beresina–Neris–Neman, und die Gemeinschaften der Badener und anderer Kulturen (Vgl. Bronocice, Bytýń) der Äußeren Karpaten und Kleinpolen könnten hier mit den Kulturen der Steppenregion in Kontakt treten und zwar durch den Tor von Volhynien und Przemyśl: MAKOHONIENKO 2009, 71. Die Verbindung oder Handelsnetzwerk kam vor allem und am frühesten zwischen den Bewohnern der niedrigen Ebenen und der Berglandschaften zustande („*sweet tracks*", „*tracks of mounds*": ROLA 2009, 73, 75).

6. Fazit

Das Rad und der Wagen erschienen auf dem Gebiet Mittel-Europas im 4. Jahrtausend v. Chr. und wurden rund um den vom 4. zum 3. Jahrtausendwechsel durch etliche Verbesserungsprozessen zu einem der wichtigsten Gegenständen der menschlichen Gesellschaften. Die Frage, welchen Kontakt die mitteleuropäischen Regionen mit den zwei anderen aus der Sicht des Rades und des Fahrens bedeutenden Zentren (russische Steppenregion – Yamnaja; und der Nahe Osten – Mesopotamien) gehabt haben konnten, bleibt noch unbeantwortet.

Als entscheidende Zäsur in der menschlichen Entwicklung wurde die neolithische Revolution als schnellster Prozess angesehen (ursprünglich mit einer Geschwindigkeit von 1 Km/Jahr: AMMERMANN / CAVALLI-SFORZA 1974). Die Erfindung des Rades und der Fahrt mag eine genauso wichtige Zäsur sein, und wurde viel schneller durchgezogen, da ein Wagen täglich, auch unter den schlimmsten geographischen Umständen zwischen 5 und 10 Km Strecke hinterlassen konnte. Wenn wir an die Balkenwege der Feuchtbodensiedlungen oder an die Rampen der böhmischen Höhensiedlungen denken, so kann die damalige Welt nicht mehr so unwegsam dargestellt werden. Obwohl die Bearbeitung des Rades und die Herstellung des Wagens vermutlich besondere Kenntnisse brauchte (mit den dazu gehörigen Wagner-Handwerk und Handwerkgegenstände die sich erst in der Schnurkeramik-Zeit in Mittel-Europa einheitlich verbreiteten), die neue Erfindung fegte über die Alte Welt mit einer Geschwindigkeit hindurch, deren Modellierung anhand archäologischen und anderen bekannten Datierungsweisen (^{14}C, Dendrochronologie, Termolumineszenz-Untersuchung) in einer so kurzen Zeitspanne auf einem großen Territorium nicht möglich ist.

Eine zur Bedeutung des Rades und der Wagenfahrt messbare technische Erfindung wird nicht zufällig geboren. Deren Erfindung wird durch ein Anspruch hervorgerufen, die auf dem Gebiet der Landwirtschaft und Tierzucht abgelaufenen Revolution vermutet, die dessen vorangeht. Diese zusammengesetzte und voneinander nicht trennbare Reihen von Prozessen nennt man zusammenfassend als sekundäre Revolution der Tierzucht und Revolution der sekundären Produkte („*The Secondary Exploitation of Animals, The Secondary Products Revolution*").

Auf dem Gebiet Mitteleuropas, unter den zu dieser Zeit hier lebenden Kulturen spielte die Boleráz/Badener-Kultur anhand der Funde eine entscheidende, vermutlich (durch Handel) Vermittlerrolle („Badenisierungsprozess"). Die neu freigelegte und ähnliche Siedlungsstruktur aufweisende Boleráz/Badener-Siedlung aus Balatonőszöd, sowie die Umgebung des Plattensees bilden in der Reihe der kulturell und zeitlich zusammenhängenden, im Vorfeld der Alpen (N-Italien, Schweiz, O-Frankreich, S-Deutschland), auf dem Gebiet des Laibacher Moors, und in der Umgebung des Varna-Sees liegenden und mit pfahlbauartigen Gebäuden kennzeichneten, gleichaltrigen Ufer/Feuchtbodensiedlungen einen bisweilen fehlenden geographischen Punkt, Bindeglied im Prozess der Verbreitung des Rades und der Wagenfahrt.

7. Katalog

Anhang 1. Listen der Funde der Bolerázer und Badener Kultur (Badener-Komplex) aus dem Bereich Wagen und Transport

1. Hölzerne Räder und Radachsen

Bad Buchau (Kr. Biberach, DE) Torwiesen II
Bohlenweg; Scheibenrad
Befund: Feuchtbodensiedlung am Federsee
Kultureller Kontext: Horgener Kultur mit Bolerázer Fundgut
Datierung: 3283–3281 v. Chr. (Dendrodatum)[1]

Stare Gmajne (Vrhnika, SI) Laibacher Moor
Im Fundmaterial ein aus zwei Teilen angefertigtes Scheibenrad aus Eschenholz *(Fraxinus excelsius)*, Dm. 80 cm mit Nabenhülse aus Eichenholz *(Abb. 2,1)*; Radachse aus Eichenholz *(Abb. 2,2)*[2]
Befund: Pfahlbausiedlung mit Bolerázer Keramik
Datierung (Rad): 3109 ±12 v. Chr. (Dendrodatum)

Seekirch (Kr. Biberach, DE) Achwiesen
Reste von fünf Scheibenrädern
Befund: Feuchtbodensiedlung am Federsee
Kultureller Kontext: Goldberg III / Badener Kultur
Datierung: 2870–2490 v. Chr. (^{14}C-Daten, cal BC, 1 σ und Dendrodaten)[3]

2. Hölzerne Joche

Arbon (Kt. Thurgau, CH) Bleiche 3
Fragment eines Joches
Befund: Pfahlbaufeuchtbodensiedlung am Bodensee
Kultureller Kontext: Pfyn / Horgen-Übergang, mit Bolerázer Keramik
Datierung: zwischen 3384–3370 v. Chr. (Dendrodaten und ^{14}C-Daten, cal BC, 1 σ)[4]

Tell Dipsis (obl. Sliven, BG),[5] *Siedlungsniveau XIII–XII (Ezerovo= Ezero) Ezerovo II*
Bruchstück eines Joches
Befund: Pfahlbaufeuchtbodensiedlung am Varnasee
Kultureller Kontext: „Bronze Ancien", zu parallelisieren mit der Badener Kultur (former Phase II–III–IV after Němejcova-Pavúková), Siedlungsniveau I–VI/I–IV

---

[1] Schlichtherle 2002, 29.
[2] Zur Rekonstruktion des Karrens siehe: Velušček 2002, 38–43; Ders. 2009.
[3] Schlichtherle 2002, 13–16.
[4] Capitani u. a. 2002, 106.
[5] Tončeva 1981, 55–56, *Abb. 5,5*.

Datierung: zwischen 3030–2840 v. Chr. (^{14}C-Daten, cal BC, 1 σ)[6]

3. Wagenkastenmodelle

Bolerázer Kultur (im former System von NĚMEJCOVÁ-PAVÚKOVÁ 1981 Phases IB-C Boleráz und Übergangsphase IIA Baden)

Balatonberény (Kom. Somogy, HU) Ferienhaus Imre Szemenyei (Abb. 4,3)[7]
Stark fragmentiertes Wagenkastenmodell, ähnlich dem Modell aus Boglárlelle
Befund: Streufund, wahrscheinlich aus einer Siedlungsgrube mit Keramikbruchstücken
Kultureller Kontext: Bolerázer Kultur?
Datierung: –

- Boglárlelle (Kom. Somogy, HU) Úszó utca 74–76 *(Abb. 4,3)*
Großer, vollständiger Wagenkasten, Zipfel an den vier Ecken, Fischgrätmuster an den Seitenwänden, an einer Schmalseite Bruchstelle zweier Tierkopfprotome.[8]
Befund: aus Bolerázer Siedlungsgrube während einer Rettungsgrabung
Kultureller Kontext: Bolerázer Kultur
Datierung: –

- Chorvátsky Grob (okr. Senec, SK)
Bei der Feldbegehung kam ein quadratisches Keramikfragment zum Vorschein, was vielleicht auf ein Wagenkastenmodell hindeuten kann.
Kultureller Kontext: Bolerázer Kultur.[9]
Datierung: –

Kaposvár (Kom. Somogy, HU) Umbau der Straßentrasse 61, Fundplatz 61/2, Befund 597 (Abb. 4,3)[10]
Das bis heute vollständigste Wagenmodell (Inv.-Nr. 98/102.597.268) mit ausgezogenen Zipfeln an den vier Ecken, Fischgrätmuster auf den Seitenwänden und mit der Buchstellen zweier Tierkopfprotome auf einer Schmalseite (trotz der Veröffentlichung leider nicht aus dem Fundplatz von Balatonőszöd)[11]
Befund: Siedlung, Grube 597
Kultureller Kontext: Bolerázer Kultur[12]
Datierung: –

- *Mödling (VB Mödling, Niederösterreich, AT) Jennyberg I*[13]
Bruchstück eines vierkantigen Wagenkastenmodells mit Bruchfläche einer Tierprotome, eventuell ähnlich dem Modell aus Boglárlelle.
Befund: Höhensiedlung

---

[6] STADLER U. A. 2001, 543, Table 7, 551, Table 9, 555, Fig. 11,561.
[7] BONDÁR 2004, 12–14.
[8] ECSEDY 1982. – Der Fundplatz erstreckt sich auf einem Lössplateau südlich des Plattensees, der sowohl einen Bolerázer als auch einen klassischen Badener Siedlungsteil beinhaltet. Am Fundplatz wurden mehrere Rettungsgrabungen durchgeführt, ein Teil der Fundstelle ist aber zerstört.
[9] FARKAŠ 2010, 437, Fig. 4.
[10] NÉMETH U. A. 2010, 58.
[11] Freundl. mündl. Mitt. Edith Bárdos, Grabungsleiterin von Balatonőszöd. SOMOGYI MÚZEUMOK KÖZLEMÉNYEI 19, 2010, 15–61, 59.
[12] BONDÁR 2013, 99.
[13] RUTTKAY 1999, 156–157.

Kultureller Kontext: Bolerázer Kultur
Datierung: –

-
Moha (Kom. Fejér, HU) Homokbánya

Vierkantiger Wagenkasten, die Seiten sind mit, in vierkantigen Feldern eingeritzten Linienmuster dekoriert. An der vorderen oberen Seite, an den zwei Ecken vermutlich die abgebrochene Stelle der Tierprotome. Das Gefäß steht auf vier, Räder imitierenden, durchbohrten henkelartigen Schlingen.[14]
Befund: Streufund.[15] Fundplatz im Bereich eines seit Jahrzehnten betriebenen Sandtagebaus.
Kultureller Kontext: Bolerázer or Badener Grube?
Datierung: Bolerázer IB-C Phases (nach Stilkritik und Typologie); mehrphasiger Fundplatz, u. a. klassische II-III-IV Phases der Badener Kultur, Verhältnis zum Wagenmodell unklar.

-
Pezinok (okr. Dlhé pole, SK) Grinava

- In der Bolerázer Siedlung kamen zwei auf Wagenmodelle hindeutende Kreramikfragmente zum Vorschein. Eins wurde in der Grube 6/04[16] und das andere bei der Feldbegehung gefunden.[17]
Befund: Bolerázer Siedlung, Grube und Streufund.
Kultureller Kontext: Bolerázer Kultur.
Datierung: –

-
Pilismarót (Kom. Komárom-Esztergom, HU) Basaharc, Grab 445[18]

Unverziertes Bruchstück eines Wagenkastenmodells (?) mit zuspitzenden Kanten und Henkel.
Befund: Gräberfeld
Kultureller Kontext: Bolerázer Kultur
Datierung: –

Pleissing (VB Hollabrunn, Niederösterreich, AT) Holzfeld[19]

Kleines Wagenkastenmodell, ähnlich dem Modell aus Boglárlelle, mit einer Tierprotome an einer Schmalseite?
Befund: Siedlung; Streufund
Kultureller Kontext: Bolerázer Kultur
Datierung: –

-
Radošina (okr. Topoľčany, SK) Flur Mračkovarské (Abb. 10,6)[20]

Wagenmodell und Henkelgefäß in einem; die Seiten des Wagenkastens sind oben mit dreifachen eingedrückten Punktreihen dekoriert, an der vorderen Seite mit einer Protome

---

[14] Kovács 2006, 36–37.
[15] Heutzutage in einer Privatsammlung aufbewahrt.
[16] Farkaš 2010, Fig. 2.
[17] Farkaš 2010, 437, Fig. 3.
[18] Bondár 1990, 85; Bondár 1992, 115; Bondár 2004, 7, Abb. 2,3.
[19] Ruttkay 1999, 613–614. – Eventuell wurde dasselbe Bruchstück bereits von Kmoch unter dem Fundort Unterrohrbach publizierte, s. Kmoch 1972, 21–22, Abb. 31: Es ist ein Bodenbruchstück mit parallelen Linien in Streifen geteilte Muster bzw. mit Fischgrätmuster dekoriert, der an mehreren Stellen durchbohrt ist. Ist das Bild unterschiedlich oder zeigt die, den Restaurierungsgrad beinhaltende Zeichnung eine andere Ansicht?
[20] Němejcová-Pavúková / Bárta 1977, 443–444, Abb. 7. – Aus demselben Fundort ist auch ein Gefäßbruchstück mit Tierplastik (Rind?) bekannt: Němejcová-Pavúková / Bárta 1977, 442, Abb. 6.

eines Rindergespannes ausgestattet. Fragmentiert, die untere Seite ist flach ausgebildet, ohne Spuren der Räder.
Kultureller Kontext: Bolerázer Grube. Siedlung?
Datierung: –

Klassische Badener Kultur (früheren Badener IIB-III-IV Phasen nach NĚMEJCOVÁ-PAVÚKOVÁ 1981)

Budakalász (Kom. Pest, HU) Luppa csárda, Grab 158[21]

Wagenmodell und Henkelgefäß in einem, innen und außen rot bemalt, steht auf vier kleinen Buckelfüßen.
Befund: Gräberfeld
Kultureller Kontext: Badener Kultur, Grabbeigabe
Datierung: klassische Badener IIB-III Phasen, 2820–2740 cal BC, 1 σ: dieses Datum fällt in die Übergangsepoche von der Spätkupferzeit zur frühen Bronzezeit (2800–2600 v. Chr.), also statt der Spätkupferzeit gehört es schon in die Epoche der fortlebenden Badener Kultur.[22]

Budakalász (Kom. Pest, HU) Luppa csárda, Grab 177 (Kenotaph) (Abb. 10,1)[23]

Wagenmodell und Henkelgefäß in einem, an den Kanten Ausbuchtungen, an vier Seiten oben mit einer, an der hinteren Seite auf der ganzen Oberfläche in Linien angeordnete Zickzackmuster, unten vier Räder, die mit Achsen verbunden sind. Innen und außen rot bemalt. An der unteren Seite des Gefäßes wurden die Bodenbretter mit eingeritzten Linien angedeutet. Der Henkel an der vorderen Seite ist fragmentiert.
Befund: Funde lagen unter einem größeren, mit der Mündung nach unten gedrehte Schüssel, neben dem Wagenkastenmodell befanden sich ein Fußkrug und gespaltene Steinwerkzeuge.
Kultureller Kontext: Badener Kultur, Grabbeigabe
Datierung: Badener Kultur, spätkupferzeitlich oder fortlebende Kultur?

Szigetszentmárton (Kom. Pest, HU) Dózsa György út 7, Grab 1 (Abb. 10,2)[24]

Wagenmodell und Henkelgefäß in einem. Das Wagenmodell ist an den Seiten oben und an den Ecken mit eingeritzten Linien dekoriert, unten sind vier Räder angebracht, die mit dichten Achsen verbunden sind. Innen rot bemalt.
Befund: im Rettungsgrabung 1972 durch Tibor Kemenczei, drei Hockergräber
Kultureller Kontext: Badener Kultur, Grabbeigabe
Datierung: –

Coțofeni III-Kultur[25]

Bădăcin (jud. Sălaj, RO) Cornet

In einer auf einem Hügel liegenden Siedlung (Höhensiedlung?) der Coțofeni III-Kultur fand man den unteren Teil eines Wagenkastens. Die untere Seite des sehr kleinen und

---

[21] SOPRONI 1954, 30, Taf. VI,5.
[22] VERA-3544; SIKLÓSI 2009. Ihre neue kulturelle und chronologische Einordnung: HORVÁTH 2012B, 59.
[23] SOPRONI 1954, 29–30, Taf. VI,1-3.
[24] KALICZ 1976. – Im Grab fand man zwei, mit eingezogenem Rand ausgestattete zweiteilige Schüssel, zwei Krüge und einen Kleinkrug, sowie zwei Henkelnäpfe.
[25] Die Phase III der Coțofeni Kultur ist nach unserem heutigen Wissen mit der ungarischen Spätkupferzeit / Frühbronzezeit gleichzeitig: CIUGUDEAN 2000, Taf. 153; s. HORVÁTH 2009a, 110; 112.

unbedeutenden Bruchstücks wurde mit parallelen Linien dekoriert ähnlich wie im Falle des Wagenmodells aus Budakalász Grab 177. Die Durchbohrung symbolisiert die in die untere Seite des Wagens eingebohrte Achse.[26]

TABELLE 1. ÜBERBLICK: DIE WAGENMODELLE DER BADENER-KOMPLEX[27]

Art der Darstellung	Boleráz	Baden
Wagenschrank-Modell mit Rad	keine	Budakalász–Luppa csárda, Grab Nr. 177. Szigetszentmárton Grab Nr. 1.
Wagenschrank-Modell mit Rad-Imitation	Moha–Homokbánya (Sandtagebau) Balatonberény Kaposvár, 61/2 Fundort	Budakalász–Luppa csárda, Grab Nr. 158.
Wagenschrank-Modell ohne Rad	Boglárlelle–Úszó Str. Pilismarót–Basaharc, Grab Nr. 445. Mödling–Jennyberg I. Radošina Pleissing–Holzfeld?	keine
Wagenschrank-Modell und Gefäß in einem	Pilismarót–Basaharc, Grab Nr. 445. Radošina	Budakalász–Luppa csárda, Grab Nr. 158. Budakalász–Luppa csárda, Grab Nr. 177. Szigetszentmárton Grab Nr. 1.
Tierprotome an der vorderen Seite des Wagenschrankes	Boglárlelle–Úszó Str. Radošina Balatonőszöd–Temetői-dűlő Kaposvár, 61/2 Fundort Mödling–Jennyberg I? Pleissing–Holzfeld?	keine
Wagenschrank mit zuspitzenden Ecken	Boglárlelle–Úszó Str. Pilismarót–Basaharc, Grab Nr. 445. Balatonberény? Kaposvár, 61/2 Fundort	Budakalász–Luppa csárda Grab Nr. 158. Budakalász–Luppa csárda, Grab Nr. 177. Szigetszentmárton Grab Nr. 1.

4. Wagenrad-Modelle[28]

Badener Kultur
  Balatonőszöd (Kom. Somogy, HU) Temetői dűlő
Beschreibung s. **Katalog** S. *Anhang 3 (Abb. 5,1-2).*

  Ózd (Kom. Borsod-Abaúj-Zemplén, HU) Kőaljtető

---

[26] BĂCUET 1998, Taf. 1.
[27] Weitere Rad- und Wagenmodelle sind aus dem Badener Siedlung von Esztergom-Szentkirályi Staudamm bekannt, unpublizierte Funde, freundliche Mitteilung der Grabungsleiterin Etelka Kövecses-Varga. In der Siedlung wurden auch Pfalgebäuden freigelegt: KÖVECSES-VARGA 1990.
[28] Den Unterschied zwischen Spinnwirtel und Wagenrad-Modell könnten wir folgenderweise bestimmen: die Wagenrad-Modelle sollten an beiden Seiten gewölbt und symmetrisch ausgebildet sein. Die Durchbohrung in der Mitte ist wesentlich betonter, als im Falle der Spinnwirtel: sie sind mehr herausragend, um den Eingang der Achse darzustellen. Bei kleineren Fragmenten sind diese Merkmale meiner Ansichtens nach sehr fragwürdig.

Bruchstück eines Wagenradmodells aus einer Höhensiedlung (der Badener Kultur?), die Durchbohrung ist betont, die kulturelle Einordnung sowie die Datierung ist fraglich: Spät-Badener Kultur (IV. Phase) oder Früh- bis Mittelbronzezeit (Makó or Hatvan-Kultur).[29]

Vel'ká Lomnica/Kakaslomnic (okr. Kežmarok, SK) Burchbrich
Wagenradmodelle aus einer befestigten Siedlung der Badener Kultur? Ihre kulturelle Einordnung und Datierung ist problematisch: Spät-Badener Kultur, Makó, oder Hatvan-Kultur.[30]

Vučedol (Vukovarsko-srijemska županija, HR) Weingarten Streim
Zwischen 1984–1990 legte A. Durman dutzende Wagenradmodelle frei.[31]

Coțofeni III-Kultur

Agrij (jud. Sălaj, RO) La Piatră
1/6-Teil eines Wagenrades oder eines Spinnwirtels?[32]

Boarta (jud. Sibiu, RO) Cetățuie
Bruchstück eines Wagenradmodells, Siedlung der Furchenstich- oder Coțofeni Kultur?[33]

Brad (jud. Hunedoara, RO) Țebea
Wagenradmodell, vollständiges Rad, das ein aus drei Teilen zusammengesetztes Rad modelliert.[34]

Ezerovo-Kultur, Ezero, Niveau XIII–XI

Bikovo (Sliven, BG) bei Ezero/Ezerovo
Radmodell, Ton[35]

Ezero (Sliven, BG) Tell Dipsis, Siedlungsniveau XIII–XII (= Ezerovo)
16 Wagenradmodelle, Ton
Datierung: 3100/3000 v. Chr.[36]

5. Doppelte Rinderbestattungen

Alsónémedi (Kom. Pest, HU) Grab 3
Skelett eines erwachsenen Mannes und einer erwachsenen Frau, an ihren Beinen zwei, mit den Köpfen aneinander gedrehte Rindskelette: eine 8 jährige Kuh und ein 1,5 jähriger Rind. Weitere Grabbeigaben: zweiteilige Schüssel, zwei Krüge und Kupferperlen. Klassische Badener II–III–IV Phases, Badener Kultur.[37]

---

[29] BANNER 1956, Taf. 75,8. István Bóna I. reihte den Fund in die Hatvan-Kultur ein: BÓNA 1960, 92. Heute würden wir es eher als einen Fund der Makó-Kultur bestimmen?
[30] NOVOTNÝ 1972, 8, Taf. 3,4.
[31] BAKKER U. A. 1999.
[32] KALMAR / POP 1988, Abb. 8,4. – Keine überzeugende Argumentierung.
[33] DUMITRESCU / TOGAN 1971, 427, Taf. VII,5.
[34] ROMAN 1976, Taf. 52,40; DINU 1981, 8, Abb. 6,6.
[35] PIGGOTT 1983, 40.
[36] BAKKER U. A. 1999, 78.
[37] KOREK U. A. 1951.

Balatonőszöd–Temetői-dűlő (Kom. Somogy, HU) Grube 1856
Beschreibung s. **Katalog**, *Anhang 3*. Die Funde und *Abb. 3,1-2*)[38]
Datierung: ältere klassische II-III Phases der Badener Kultur?

Budakalász (Kom. Pest, HU) Luppa csárda Grab 3
Die Schädel des Mannes und der Frau lagen nebeneinander, und haben mit ihren Armen einander umarmt. In der anderen Ecke der Grabgrube, vertikal auf den Füssen der menschlichen Skelette lagen zwei in gestreckter Lage begrabene Rindskelette. Der eine Rind war juvenil, der andere konnte wegen des Zerstörungsgrades im Grab nicht untersucht werden. Als Grabbeigabe wurden ein Kupfermeißel, ein Fußkelch und zwei gespaltene Steingeräte freigelegt. Klassische Badener II-III Phases/Badener Kultur.[39]

Budapest / Káposztásmegyer (Kom. Pest, Budapest, HU) Farkaserdő
In der Siedlung der Badener Kultur in einer Opfergrube, im Grab 30. wurde eine doppelte Rinderbestattung freigelegt. In der östlichen Seite der Grube lag das unvollständige Skelett einer an der linken Seite liegenden ¾ jährigen Färse. Die Wirbelsäule wurde im Lendenbereich gebrochen, das linke Vorderbein wurde von dem Körper abgetrennt, der Schädel war zusammengebrochen. Westlich des Kalbs, in einem Niveauunterschied von einem halben Meter lag das Skelett eines erwachsenen Rindes in anatomischer Ordnung. Die Hörner waren vom Schädel abgetrennt, der Stirn wurde durch die Abschlachtung eingebrochen. Neben den Skelettfunden kamen Tierknochenreste von Schwein, Schaf und Hund ans Tageslicht. Die keramischen Funde können in die Phase III der Badener Kultur datiert werden.[40]

Dunaszentgyörgy (Kom. Tolna, HU) M6 Rettungsgrabung
In der zur Phases III-IV. der Badener Kultur gehörenden Siedlung wurden in der Grube 78/105 zwei Rindskelette freigelegt.[41]

Hódmezővásárhely / Bodzáspart (Kom. Csongrád, HU) Grundstück Sándor Balog
Aus der Siedlung der Spät-Badener Kultur (IV. Phase) in einer Grube, unter einem durchgebrannten, mit Keramikbruchstücken bedeckten Ofen lag an der rechten Seite ein Rindskelett, zu seiner linken Seite ein weiteres Rindskelett. In seiner Nähe kam das Grab eines Kindes in Hockerlage ans Tageslicht.[42]

Kaposújlak (Kom. Somogy, HU) Várdomb dűlő
In der Siedlung der Badener Kultur, in der Opfergrube 1326 kamen zwei Rindskelette zum Vorschein.[43]

Mezőkövesd (Kom. Borsod-Abaúj-Zemplén, HU) Nagy-Fertő
In der, dem klassischen Typ Viss gehörenden Siedlung der Badener Kultur wurden in dem Befund S15 zwei vollständige Rindskelette, bzw. der Schädel eines weiteren Individuums freigelegt.[44]

---

[38] Horváth 2006b, 120–121; Horváth 2010c, 55.
[39] Banner 1956, 113.
[40] Endrődi 2004, 47–52, Abb. 47.
[41] György 2009, 261, Abb. 1,1.
[42] Banner 1956, 84 ,Abb. 12, Taf. 84; 51,11.
[43] Somogyi 2004, 166.
[44] György 2008, 43, Taf. 41.

Pilismarót (Kom. Komárom-Esztergom, HU) Szobi rév
In der Siedlung der Badener Kultur, in der Opfergrube 197 Lagen das vollständiges Skelett einer 3-3,5 jährigen Kuh und weitere drei Teilskelette (ein Teilskelett und drei Hinterbeine) Das vollständige Skelett wurde im Lendenbereich in zwei Teilen geteilt. Der Hals wurde von dem Rist an den Körper zurückgedreht, der Kopf lag auf dem Unterkiefer. Die Vorderbeine wurden angezogen, die Hinterbeine waren in gestreckter Lage. Während der Niederlegung des Leichnams oder danach wurde an der Westseite der Grube und zwischen den Vorderbeinen Feuer gelegt. Der Schädel ist zusammengebrochen die Hörner wurden abgetrennt. Unter dem Brustkorb der Kuh lag ein nicht vollständiges Skelett eines 6 bis 8-monatigen Kalbs, es wurden nur die linken Vorder- und Hinterbeine in die Grube gelegt, die in einer Hockerlage an ihren inneren Seite lagen. Im Weiteren wurden Teile von Schweinen, ein nicht vollständiges Skelett eines Schafes bzw. ein Femur eines Bibers freigelegt. Aus der unteren dicken, viel Asche beinhaltenden Füllungsschicht der Grube kam eine aus Gebein hergestellte Beinhacke ans Tageslicht.[45]

Vučedol (Vukovarsko-srijemska županija, HR) Weingarten Streim, Grube 55
In der Siedlung der Badener Kultur lagen in der das Skelett eines erwachsenen Rindes darunter ein kleineres Rindskelett.[46]

6. Bolerázer Gefäße mit Rindfiguren und zoomorphe Gefäße

Balatonőszöd (Kom. Somogy, HU) Temetői-dűlő, Kulturschicht 1384
Beschreibung s. **Katalog, Anhang 3**. Die Funde und *Abb. 5,4*.

Vác / Kisvác (Kom. Pest, HU) Liliom utca 17
Große Amphore mit Rindkopfdarstellung, auf dem Nacken des Tieres wurde der Halsband oder die Halfter durch geteilte, rot bemahlte Rippen angedeutet *(Abb. 5,5, 7)*.[47]

7. Auf der Anspannung hindeutende pathologische Abweichungen, Spuren auf Rindschädel

Balatonőszöd (Kom. Somogy, HU) Temetői dűlő, Grube 1612
Beschreibung s. **Katalog, Anhang 3**. Die Funde und *Abb. 3,5-6*.

Bronocice (woj. świętokrzyskie, PL)
Mehrphasige Siedlung mit gemischtem Fundgut, Fragment eines Hornes mit Spuren der Einschneidung eines Seiles.[48]
Kultureller Kontext: Badener Kultur und Trichterbecherkultur
Datierung: –

8. Mit Pflug bzw. mit Pflügen im Zusammenhang stehende Funde

Ezerovo II (Sliven, BG) Tell Dipsis, Siedlungsniveau XIII–XII (= Ezero)
Am Ufer des Varna-Sees befindliche Feuchtbodensiedlung mit Pfahlbauten. In der Siedlung wurden zahlreiche organische Reste freigelegt, darunter aus Holz hergestellte

---

[1f] Endrődi / Vörös Manuscript.
[46] Jurišić 1989, 30. – Auf derselben Fundstelle, in der Grube 42. der Kostolac-Kultur wurden ein Skelett eines halbjährigen Rindes in Hockerlage und in der Grube 15. der Kostolac-Kultur gleichfalls ein Rindskelett freigelegt.
[47] Kövári 1993, 483–84; ders. 2010.
[48] Milisauskas / Kruk 1991, Abb. 1.

Sohle eines Hakenpfluges,[49] Bruchstück einer Sicheleinfassung, und Holzgabel.[50]
Datierung: Bronze Ancien.

---

[49] Tončeva 1981, 55–56, Abb. 5,1.
[50] Tončeva 1981, 55, Abb. 6,1.

Anhang 2: Fundlisten zum Bereich Wagen und Transport aus anderen, mit der Badener-Komplex gleichzeitigen Kulturgruppen

1. Pathologische Abweichungen an Tierknochen, die auf eine eventuelle Einspannung des Rindes hindeuten[51]

Banyoles (Prov. Girona, ES) La Draga
Spuren der Annspannung an Hornzapfen. – Cardial-Kultur Ende des 4. Jahrtausends v. Chr.[52]

Villeneuve–Tolosane (Dép. Haute-Garonne, F) auf einer Terasse
An Tierknochen identifizierbare pathologische Abweichungen, in mehreren Siedlungen der Umgebung, Spätneolithikum bis Kupferzeit, zwischen 3200–2300 v. Chr.[53]

2. Felsbilder mit Pflug, Anschirrung und Wagen

Europa
Mont Bégo (Dèp. Alpes-Maritimes, FR)
In zwei wichtigen Fundplätzen im Merveilles-Tal und im Fontanable Tal wurden mehr als 30000 Felsbilder untersucht und katalogisiert. Die verschiedenen Einspannungsmethoden werden dargestellt: Einspannung vor Pflug, Einspannung vor Schlitten oder Wagen, Rind im Joch gespannt. Bei der Datierung der Funde wird angenommen, dass die frühesten Funde um 3100 v. Chr. datiert werden können, die Einspannungsmethoden werden mit den Funden aus dem Fundplatz Chalain 19 in Zusammenhang gebracht.[54]

Tursi / Laterza (Prov. Matera, IT)
Felsbilder, EH II – Dolch Typ Buccino – Bindeglied zur Adriatischen Küste Verbindung: die Odmut-Höhle, Pušić (neben Lipci), Tren (Albanien) Gräber und Siedlungsspuren mit Felsbilder.[55]

Val Camonica (Prov. Brescia, IT)
Perioden: A0-Gruppe: 3350–2900 v. Chr., Remedello 1-, Horgen-, White Ware-Kulturen; A1 Gruppe: 2900–2400 v. Chr., Remedello 2, Schnurkeramik.
Funde:
Borno / 1 (Valcamonica, Prov. Brescia, IT): Pflugszenen auf einem Menhir, Alter: A0?, A1;
Ceresolo / Bagnolo 2 (Prov. Brescia, IT): Pflugszene auf einem Menhir, Alter: A1;
Cemmo / Masso 2 (Prov. Brescia, IT): Pflugszene und Wagendarstellung auf Felsbildern, Alter: A1;
Ossimo / 8 (Prov. Brescia, IT): Pflug-Szenen auf einem Menhir, Alter: A0?, A1, A2[56]

---

[51] Zusammenfassend Jacomet / Schibler 2006; Steppan 2006; Balasescu u. a. 2006
[52] Tarrús u. a. 2006, 25–31.
[53] Lignereux u. a. 2006, 31–39.
[54] Saulieu / Serres 2006, 73–87; Pétrequin u. a. 2006b, 87–107.
[55] Primas 1996, 11–13.
[56] Fedele 2006, 47–63.

Züschen / Lohne (Kr., Hessen, DE)
Auf den Steinblocken eines megalithen Grabes eingeritzte Darstellung eines eingespannten. Rindpaares, Pflugszene?[57] Wartberg-Kultur, 3500–3000 v. Chr. (^{14}C-Daten, cal BC, 1 σ)

Steppenregion
Kaukasus, nördlicher Uferbereich des Schwarzen Meeres, Halbinsel Krim: auf Felsbildern Wagen- und Raddarstellungen.[58]

Kamenaja Mogila (Zaporizhzhia region, pgt. Mirnoe, U)
Darstellung eines Deischelbockwagens auf Felsbildern.[59]

3. Organische Überreste aus Holz hergestellte Funde: Joch, Stangenschleife, Schleife mit Rädern, Rad, Radachse, hölzerne Wege,[60] Pflugzubehör, Wagenbestattungen

Steppenregion
Aus der Yamnaja, Katakomben-Entität und in der Kubanregion kennen wir derzeit 118 Wagenbeigaben beinhaltende Kurgangräber.[61]
Russland: aus der Region Süd-Bug–Ingul–Dnepr (z.B. der Kurgan aus Bal'ki) Wagen als Grabbeigabe und ein hölzerner Pflugzahn.[62]

Plačidol (Dobrich, Varna, BG)
Yamnaya Kurgan mit Holzrad und Wagen.[63]
Datierung: Bln-2501: 3011–2892 cal BC 1 σ, Bln-2504: 3002–2701 cal BC 1 σ.

Mitteleuropa
Alleshausen (Kr. Biberach, DE) Grundwiesen
In der Feuchtbodensiedlung mit Pfahlbau im Federsee-Ried Reste von vier Rädern. – Goldberg III-Gruppe, 3020–2700 v. Chr.[64]

Aulendorf (Kr. Ravensburg, DE), Steeger See, Inselsiedlung
Reste einer Schleife, dem Fund aus Reute ähnlich.[65] Scussenrieder-Kultur, 3900–3750 v. Chr.

Auvernier (Kt. Neuenburg, CH) Ruz Chatru
In der Feuchtbodensiedlung mit Pfahlbau Reste eines Rades.[66] Lüscherz-Kultur.

Chalain (Dèp. Jura, FR) Fontenu am Lac du Chalain
In der Feuchtbodensiedlung 2 Joch, auf dem Fundplatz 19: hölzerner Weg, Schleife und Joch nebeneinander, 3015–3004 v. Chr., Horgen-Kultur, und eine andere, kleinere

---

[57] Matuschik 2006, 286–287, Abb. 6.
[58] Matuschik 2006, 285.
[59] Matuschik 2006, 285.
[60] Über hölzerne Wege zusammenfassend: Burmeister 2006; Hafner 2002; Heusmüller 2002; Schlichtherle 2006; Winiger 2006.
[61] Gei 2000; Morgunova u. a. 2003; Morgunova 2004; Matuschik 2006, 287; Anthony 2007.
[62] Rassamakin 1999, 155, Abb. 3,58.
[63] Panayotov 1984.
[64] Schlichtherle 2002, 9–11.
[65] Pétrequin u. a. 2006c, 377, Abb. 14,1.
[66] Schlichtherle 2002, 20.

und einfachere Stangenschleife: 2700–2600 v. Chr.,[67] auf dem Fundplatz von Chalain 3. (Horgen-Kultur), und auf dem Fundplatz Chalain 4. aus der 4. Phase (Clairvaux ancien) aus dem 3200 und 3100 v. Chr. Bruchstücke von Holzpflügen (Dendrodaten und ^{14}C-Daten).[68]

Egolzwill II (Kt. Luzern, CH), Wauwielermoos
Hölzernes Rad und Radachse.[69]

Marin (Kt. Neuchâtel, CH) Les Piécettes
Hölzerne Wege, Feuchtbodensiedlung mit Pfahlbau, Port-Conty-Kultur, 3500 v. Chr.[70]

Pestenacker (Kr. Landsberg a. Lech, DE)
In der Feuchtbodensiedlung mit Pfahlbau hölzerne Wege, 3536–3494 v. Chr. (Dendrodaten)[71]

Ortsteil Reute / Bad Waldsee (Kr. Ravensburg, DE) Schorrenried
Schleife. Feuchtbodensiedlung mit Pfahlbau – Pfyn / Altheim Übergangsphase, 3709–3707 v. Chr. (Dendrodaten)[72]

Saint Blaise (Kt. Neuenburg, CH)
In der Feuchtbodensiedlung mit Pfahlbau am Neuenburgersee zwei Räder und Achse.[73]

Seekirch (Kr. Biberach, DE) Stockwiesen, Federsee
In der Feuchtbodensiedlung mit Pfahlbau Rad, hölzerner Weg. – gemischtes Horgen / Goldberg III-Fundmaterial, 3040–2690 v. Chr. (Dendrodaten und ^{14}C-Daten)[74]

Vinelz (Kt. Bern, CH) Alte Station
In der Feuchtbodensiedlung mit Pfahlbau am Bieler See Rad und Achse, Joch. – Kultur mit Schnurkeramik.[75]

Zürich (Kt. Zürich, CH) Akad
Hölzernes Rad. – In der Feuchtbodensiedlung mit Pfahlbau; gemischtes Fundgut der Horgen / Pfyn-Kulturen und der Schnurkeramik, 3200 v. Chr. (3400–3170 v. Chr., Dendrodaten und ^{14}C-Daten).[76]

Zürich (Kt. Zürich, CH) Dufourstrasse
In der Feuchtbodensiedlung mit Pfahlbau Rad. – Kultur mit Schnurkeramik, 2719–2683 v. Chr. (Dendrodaten und ^{14}C-Daten)

Zürich (Kt. Zürich, CH) Mozartstrasse
In der Feuchtbodensiedlung mit Pfahlbau am Zürichsee 3 Räder und eine Radachse. –

---

[67] Pétrequin u. a. 2006a, 87–107; Pétrequin u. a. 2006c, 376, Abb. 13,1, 3.
[68] Pétrequin u. a. 2006c, 378, Abb. 15.
[69] Schlichtherle 2006, 295, Abb. 1,6.
[70] Pétrequin u. a. 2006b.
[71] Pétrequin u. a. 2006c, 371, Abb. 12.
[72] Mainberger 2002.
[73] Ruoff 2006, 136–137; Schlichtherle 2004, 298.
[74] Schlichtherle 2002, 16–19.
[75] Pétrequin u. a. 2006c, 376, Abb. 13,2. – Joch: Ruoff 2006, 136–137.
[76] Ruoff 2006, 133.

Kultur mit Schnurkeramik.[77]

Zürich (Kt. Zürich, CH, Zurichsee) Pressehaus
In der Feuchtbodensiedlung mit Pfahlbau am Zürichsee drei Räder und Radachse. – Kultur mit Schnurkeramik.[78]

Zürich (Kt. Zürich, CH) Seerosenstrasse
In der Feuchtbodensiedlung mit Pfahlbau am Zürichsee Reste einer Achse.[79] Horgen-Kultur, 3200 v. Chr. (Dendrodaten und ^{14}C-Daten).

Naher Osten

Kish / Tell al-Uhaymir (Prov. Babil, IQ) Grab Mebaragesi
Königliches Grab mit Wagenrad – um 2600 v. Chr.[80]

Mari / Tell Hariri (gouv. Deir ez-Zor, SY)
Zwei hölzerne Räder, das eine neben einem Tierskelett – 2850 v. Chr.[81]

Susa (Prov. Chuzestan, IR)
Aus drei Teilen zusammengesetztes Rad – 2800 v. Chr.[82]

Ur / Tell el-Muqayyar (Prov. Dhi Qar, IQ)
Aus königlichen Gräbern mehrere Wagenräder – um 2600 v. Chr., archaische Dynastie II.[83]

4. Pflugspuren (Ackerfurche)[84]

Aoste / Saint-Martin-de-Corléans (IT)
4–3. Jahrtausend v. Chr.[85]

Chur / Grissus (Kt. Graubünden, CH)
Übergangsphase Pfyn / Horgen, 3300 v. Chr.[86]

Egolzwill 3 (Kt. Luzern, CH)
Egolzwill-Kultur, 4300 v. Chr.[87]

Lac du Chalain (Dèp. Jura, FR)
Ab der klassischen Phase der Horgen-Kultur Pflugspuren, 3200 v. Chr.[88]

Lupawa 15, Sarnowo (woj. Kujawia, PL)

---

[77] Pétrequin u. a. 2006c, 367.
[78] Ruoff 2006, 133–134, Abb. 1.
[79] Schlichtherle 2002, 29; Schlichtherle 2004, 297.
[80] Butterlin / Margueron 2006, 319, Abb. 8; Watelin / Langdon 1934.
[81] Butterlin / Margueron 2006, 319–323.
[82] Butterlin / Margueron 2006, 319, Abb. 6.
[83] Butterlon / Margueron 2006, 319, Abb. 7; Wooley 1934, 108.
[84] Zusammenfassend Mainberger 2002.
[85] Pétrequin u. a. 2006d, 107.
[86] Pétrequin u. a. 2006d, 107.
[87] Pétrequin u. a. 2006c, 379.
[88] Pétrequin u. a. 2006c, 379.

Trichterbecherkultur, Pflugspuren um „*long barrow*", 3620 ±60 cal BC, 1 σ.[89]

Niederlanden: Pflugspuren.[90]

5. Darstellungen von Schleife (Stangenschleife, Transportschleife, Schlittenschleife), Wagen, Wagenrad und Gespann

Europa

Bronocice (woj. świętokrzyskie, PL)

Gefäßdarstellung: in der Siedlungsgrube der Trichterbecherkultur ein kleinerer doppelkonischer Napf, am Schulterumbruch mit Buckeln und an der oberen Teil des Gefäßes mit eingeritzten Motiven dekoriert. Das Muster besteht aus der Darstellung einer ausgebreiteten Wagens dessen Deichsel in einer Y-förmigen Gabel endet, der Wagen besitzt 4 Räder, auf dem Plateau mit der Darstellung eines weiteren Rades (Ersatzrad?). Die zentrale Figur des Wagens wird von unten durch eine doppelte, durchgehende Zickzacklinie wie Wasser / Wellendarstellung umgeben, bzw. durch Holzwege die an beiden Seiten durch bebaute Parzellen dargestellt sind. An einer Seite des Wagens steht ein größerer Baum (Tanne?). – III. Phase der Siedlung, Alter: 3637–3373, 3520 v. Chr. (^{14}C-Daten).[91]

Ćmielów (woj. świętokrzyskie, PL)

Gefäßdarstellung: auf dem bikonischen Topf mit Trichterhals von dem Rand bis zur Mitte des Gefäßkörpers stilisierte Darstellung zwei angebrachten Tiere, wahrscheinlich zwei aneinander gespannte Rinder, in der Mitte des Körpers erscheint auch der gemeinsame Querstange, Trichterbecherkultur, 2825/2665 v. Chr. (^{14}C-Daten). In der Siedlung Spuren einer bedeutenden Metallverarbeitung.[92]

Karolina (obl. Vinnyts'ka, UA), Nemirov=Nemyriv (obl. Vinnytsia, UA), Rakovec=Velykyi Rakovet (obl. Zakarpattia, UA)

Gefäße, das Gefäß steht auf vier an der unteren Seite durchbohrten Füßen, Tripolje-Kultur, um 4000 v. Chr.[93]

Umgebung von Lwiw/Lemberg (obl. Lwiw, UA)

Mehrere Schlitten-Gefäß-Modelle, Tripolje-Kultur, 4. Jahrtausend v. Chr.[94]

Nezvisko (obl. Ivano-Frankivs'ka, UA) und Talianki (obl. Cherkasy, UA)

Aus zwei Fundorten sehr ähnliche Gefäßdarstellungen: das Gefäß ist eine kleine Schale, deren untere Seite mit Schlittenkufe ausgestattet wurde, so dass es einen Schlitten oder eine Schleife darstellt, an der vorderen Seite des Gefäßes wurden ein Paar großhörnige Tiere appliziert (Rind?), Tripolje-Kultur, um 4000 v. Chr.[95]

Ostrowiec Swiętokrzyski (woj. świętokrzyskie, PL)

---

[89] MILISAUSKAS / KRUK 1991, 564. Später wurde dieser Befund als Balken und Lehmbewurf eines Gebäudes interpretiert: NIESIOLOWSKA-ŚRENIOWSKA 1999.
[90] LOUWE 2006, 199–203, Abb. 10.
[91] MILISAUSKAS / KRUK 1991, 564, Abb. 3, BAKKER U. A. 1999, 784.
[92] PÉTREQUIN U. A. 2006C, 370, Abb. 8.
[93] MATUSCHIK 2006, 281, Abb. 2.
[94] PIGGOTT 1983, 15, Abb. 6.
[95] MATUSCHIK 2006, 281, Abb. 3.

Gefäßdarstellung: auf dem Schulter eines amphorenförmigen Gefäßes mit ausladendem Rand, bikonischem Körper sehr vereinfachte Wagendarstellung: an den Enden einer langen Linie jeweils zwei, die Räder andeutende Kreise, Trichterbecherkultur, um 3500–3000 v. Chr.[96].

Szelevény (Kom. Jász-Nagykun-Szolnok, HU) Vadas (Abb. 2,3–5)
Mit einer kultischen Szene dekoriertes Kultgefäss, die aber keine Verbindung zum Wagenfahren hat, Kostolac-Kultur.[97]

Steppenregion
Tri Brata (Kalmykia, RU)
Tönernes Wagenmodell neben einer Bestattung, Mitte des 3. Jahrtausendes v. Chr.[98]. Auf Gefäßen sichtbare Wagendarstellungen zwischen 3000–2000 cal BC: Sparke, Nikolske, Sukha Mechetka, Sukha Saratovka, auf Beil: Baranovsky.[99]

Naher Osten
Arslantepe bei Malatya (Il Malatya, TR)
Tönernes Wagenmodell, III Gebäude, A113 Zimmer, Tempel-Platz, VIA Periode, Frühe Bronzezeit IA, 3100/3000–2900 v. Chr.[100].

Jebel Aruda / Tell es-Sweyhat (Gouv. ar-Raqqa, SY)
Bruchstück einer Scheibe aus Kalkstein, die ein Radmodell formt, spät-Uruk Siedlung.[101]

Kish / Tell al-Uhaymir (Prov. Babil, IQ)
Tönernes Wagenmodell, erste Gebäude.[102]

Lagaš / Tell el-Hiba / Tello (Prov. Dhi Qar, IQ)
Geierstele, Wagendarstellung.[103]

Susa (Prov. Chuzestan, IR)
Wagendarstellung auf einer Vase.[104]

Tell Aqrab (Prov. Diyala, IQ)
Kupfernes Wagenmodell. Frühere Gebäuden.[105]

Tell Huwayrah = Tell Abu Hureyra (Gouv. ar-Raqqah, SY)

---

[96] Matuschik 2006, 282, Abb. 5.
[97] Rezi-Kató 1998; ders. 2001 datierte den Fund in die mittelkupferzeitliche Hunyadihalom-Kultur. Seine Datierung sowie seine Suche nach Analogien ist fehlerhaft, da die einzige Parallele aus der spätkupferzeitliche Kostolacer Schicht der Tellsiedlung von Gomolava (SR, Vojvodina) bekannt ist: Petrović / Jovanović 2002, 270; Horváth 2009b) und Dunapentele (Kom. Fejér, HU), Đakovo-Franjevac (CR): Horváth / Balen 2012.
[98] Otroshchenko 2009, 467–468.
[99] Otroshchenko 2009, 467–468.
[100] Bakker u. a. 1999, 782–783, Abb. 5. – Im selben Fundort, aus dem Zimmer A-206 auf einem zylindrischen Stempel ist die Darstellung einer von einem Rind gezogenen Schleife bekannt.
[101] Bakker u. a. 1999, 780, Abb. 4.
[102] Matuschik 2006, 286, Abb. 10,1.
[103] Matuschik 2006, 289, Abb. 14,1.
[104] Matuschik 2006, 286.
[105] Matuschik 2006, 286, Abb. 10,2.

Tönernes Wagenmodell, um 3000 v. Chr.[106]

Tell Uqair (Prov. Babil, IQ)
Wagendarstellung auf Tontafel, Jemdet Nasr-Periode.[107]

Tepe Gawra (Prov. Ninawa, IQ)
Wagen und 14 Wagenradmodelle, VIII Niveau, frühe Uruk-Periode, 4223–3945 v. Chr.[108]

Ur / Tell el-Muqayyar (Prov. Dhi Qar IQ) Grab PG 779
Auf der „Standarte von Ur" Wagendarstellung, 3. Jahrtausend v. Chr.[109]

Uruk / Warka (Prov. Muthanna, IQ)
Wagendarstellungen auf Tontafel, Vorschriftliche Periode, Eanna-Bezirk, um 3200–3100 v. Chr.[110].

6. Schleife- bzw. Radspur

Flintbek (Kr. Rendsburg-Eckernförde, DE) Megalithgrab LA3
Radspur unter dem Megalithgrab. – Trichterbecherkultur, Fuchsberg-Phase, um 3420–3385 v. Chr.[111]

Hornstaad–Hörnle IA (Kr. Konstanz, DE)
Schleifenspur, Pfyn-Kultur, 3900 v. Chr.[112]

7. Tierplastik[113]

Dieburg (Kr. Darmstadt-Dieburg, DE)
Aus Kupfer hergestellte doppelte Rinderplastik, auf dem Hals mit gemeinsamen Joch, auch der hintere Körperteil der Tiere wurden durchgebohrt und mit einer gemeinsamen Stange zusammengebunden, Trichterbecherkultur?[114]

Krężnica Jara (woj. Lublin, PL)
Oberer Körperbruchstück einer doppelten Rinderplastik, auf dem Nacken mit gemeinsamen Joch, diente als Gefäßhenkel, Trichterbecherkultur.[115]

Bytýn (woj. wielkopolskim, PL) (Abb. 10,5) [116]
Aus Kupfer hergestellte doppelte Rinderplastik, auf dem Hals der Tiere mit doppelter Linie dargestellter Halsband, auf dem Nacken der Bruchstück einer gemeinsamen Querstange. Der Körper des einen Rindes ist durchbohrt.

---

[106] MATUSCHIK 2006, 289.
[107] BAKKER U. A. 1999, 779.
[108] BAKKER U. A. 1999, 779, Anm. 5.
[109] MATUSCHIK 2006, 289, Abb. 14,2.
[110] BAKKER U. A. 1999, 778. – Es wird vermerkt, dass es sehr wenige Wagendarstellungen existieren (insgesamt 4 Fälle sind bekannt), Schleifendarstellungen kommen jedoch auf 24 Piktogrammen vor.
[111] ZICH 2006; MISCHKA 2011
[112] HARWATH 2002.
[113] Zusammenfassend MATUSCHIK 2002.
[114] MATUSCHIK 2006, 285, Abb. 8,1.
[115] FILIP 1966, 643; DINU 1981, 11, Abb. 9,1.
[116] ŠTURMS 1955, 23, Abb. 1,4.

Befund: Depot mit drei Flachbeilen aus Kupfer.
Datierung / kultureller Kontext: Trichterbecherkultur.

Lisková–Höhle (okr. Ružomberok, SK)[117]

In der Höhle freigelegtes Massengrab, mit Kupferanhänger Typ Hlinsko, und mit einer Hälfte einer aus Kupfer hergestellten Rinderplastik, auf dem Nacken mit Überresten einer gemeinsamen Querstange, der Körper ist durchbohrt, Ende der mittleren Kupferzeit-Anfang der Spätkupferzeit, Datierung / kultureller Kontext: Ludanice / Protobolerázer-Horizont.

Tsoungiza (=Archaia Nemea, Corinthia/Argolis, GR)[118]

Tierplastik, auf dem Nacken mit dem Bruchstück einer Querstange, Ton.
Datierung: 3. Jahrtausend v. Chr.

FO unbekannt, aus Anatolien? (TR)[119]

Vier Wagenmodelle, hergestellt aus drei Kupfer und aus Arsenbronze, vor dem Wagen eingespanntes Stierpaar; Datierung: spätes 3. Jahrtausend v. Chr., Alaca Hüyük-Kultur.

---

[117] STRUHÁR 1999, Taf. II,10.
[118] MATUSCHIK 2006, 285, Abb. 8,4.
[119] Museum Teheran, FO unbekannt, Anfang des 3. Jahrtausends v. Chr. – Museum zu Allerheiligen, Schaffhausen, Slg. Ebnöther: Umgebung von Urfa, Ende des 3. Jahrtausends v. Chr. – British Mus. London, FO unbekannt, um 2000 v. Chr. – NAGEL 1984/1985, 148 Abb. 1–13; MATUSCHIK 2006, 293–295 Abb. 16–18.

Anhang 3: Funde und Befunde aus Balatonőszöd–Temetői-dűlő

Die Befunde / „Complex areas":
Quadranten Nr. 50/12, 13 – 52/13, 14
In einer Fläche von ca 20×10 wurden ein Pfahlbau-Gebäude (Haus zur Ausführung von Ritualen? – Befund Nr. 509, Haus Nr. 22.), zwei blutige Menschenopfer beinhaltende Opfergruben (Grube Nr. 744. mit den menschlichen Bestattungen Nr. 20, 21, 22, Grube Nr. 981, mit den menschlichen Bestattungen Nr. 24, 25, 90), und eine sakrale Abfallgrube mit wahrscheinlich während kultischen Handlungen benutzten Gefäß-Ensemble (anthropomorphes, aufhängbares sog. Hand-Gefäß, Schöpfschalen, Krüge, Schüssel und Amphoren in der Grube Nr. 743) freigelegt. Die Befunde und Funde datieren wir in die ältere klassische IIB-III Phase der Badener-Kultur *(Abb. 7)*.

Quadranten 55/30, 31
In einer Fläche von 20×10 m wurde die Grube Nr. 1988. freigelegt (Phase II. A), aus der ein Hüftbruchstück einer weiblichen Idole zusammen mit Mahlsteinen ans Tageslicht kamen. In der Grube Nr. 1992, dessen Material auch auf die II A Phase datiert werden kann, beinhaltete die weibliche Bestattung Nr. 59, sowie die Begleitgefäße: ein kleines Krug, Krug und Hängeamphore. Aus der Grube Nr. 1998. sind Funde aus den Phasen von II. A bis IV. der Badener-Kultur ans Tageslicht gekommen, sowie eine von einem Wagen abgebrochene Stierkopf-Plastik *(Abb. 8)*.

Quadranten 38/4, 5 – 39/5, 6
Auf einer Fläche von ca 20×20 m wurden 6 blutigen Tieropfer beinhaltenden Opfergruben freigelegt. Aus der Grube Nr. 1769, die auf die Badener Phasen IIA/IIB datiert werden kann, kamen die Skelette eines 8-10 monatigen und einer 10–12 monatigen Jungsau, Kopf eines adulten Rindes, Kopf und Glieder eines juvenilen Schafes, sowie aus einer Schweinerippe geschliffener Meißel zum Vorschein. Das Fundgut der Grube Nr. 1770 konnte innerhalb der Badener-Kultur nicht genauer datiert werden. Unter den Skelettfunden können das Skelett eines 3-3,5 jährigen Rindes, ein Stierskelett, die Mandibula eines 2-3-monatigen Rindes, die Glieder eines 3-3,5 jährigen Rindes, das Skelett eines 8-10-monatigen Schweins, Skelett eines 2-2,5 jährigen Schweins, Kopf und Wirbel eines Schweinefötus, Wirbel und Glieder eines adulten weiblichen Schafes, Skelett eines adulten Hundes und die Glieder eines Feldhasen. Aus der, in die frühe Phase (IB-C-IIA) der Bolerázer or Badener-Kultur datierbaren Grube Nr. 1772. sind ein Skelett eines 4–6 monatigen Rindes, Mandibula eines adulten Rindes, Skelettreste eines 8-10 monatigen Schweins, Mandibula eines 6-8 monatigen Schafes und die Glieder eines 2,5-3 jährigen Pferdes. Die auf die ältere klassische Badener Phase (IIB-III) datierbare Grube Nr. 1794. beinhaltete das Skelett eines 4-6 monatigen Schweins, Glieder eines 18-20 monatigen Rindes, Kopf und Glieder eines adulten Schafes, Bruchstück eines Steinbeiles, gespaltene Spitze mit Sichelglanz, sowie eine aufhängbare, mit roter Farbe bemalte, eingedrückten Linien dekorierte und in Ansa Lunata schließende Miniaturamphore. In der Grube Nr. 1795, die auf die ältere klassische Phase datierbar ist, fanden wir das Skelett eines 2-2,5 jährigen Stieres, das Skelett einer 8-10 monatigen Jungsau, zusammen mit einem fragmentierten Spinnwirtel und einem Steinbeilbruchstück. Die Grube Nr. 1796 ergab uncharakteristische Keramikfunde, sowie den Bruchstück eines Steinbeiles, unter den Tierfunden sind folgende zu nennen: Skelett einer 3,5-4 jährigen Rindkuh, Glied eines adultus Rindes, Skelettteile eines 8-10 monatigen Schweins, Kopf und Wirbelsäule einer adultus Sau, sowie Reste mehrerer Schweinefötus *(Abb. 9)*.

Die Funde:

Grube Nr. 1998. Quadranten Nr. 55/31–32, Phasen IIA-IV der Badener-Kultur: ein Teil einer von einem Wagenschrank abgebrochenen Tierprotome.
Die Rindplastik war keine selbständige Plastik: an der hinteren Seite kann ein scheibenförmiger, geglätteter Wandbruchstück beobachtet werden, wenn wir ihn umdrehen sehen wir wahrscheinlich den Bruchstück eines Gefäßes (eines Wagenmodells?), und somit dekorierten die zwei kleinen Stierköpfchen das vordere Seite eines Wagenmodells, genauso wie die zwei Haftspuren am Beispiel des Modells aus Boglárlelle zeigen. Rötlichgraue Farbe, aus mit Glitter und Keramiksplitter gemagertem Ton hergestellte sehr dichte Tonplastik. Die scheibenförmige Haftstelle hält eine dreikantige Platte, an der der Kopf angebracht ist. Die zwei Hörner des Tieres schließen sich henkelartig in die dreikantige Platte ein. Der linke von den beiden allzu großen Hörnern brach fast unmittelbar am Ansatz ab. Auch die untere Seite des Maulbereiches ist beschädigt. Die eingedrückten Nasenlöcher sind noch zu erkennen: es ist vorstellbar, dass die Nase zusammen mit einem Nasenring ausgebildet wurde. Auf dem flachen Kopf können die leicht eingedrückten Spuren der Augen erkannt werden: wahrscheinlich wurden sie mit Hilfe pflanzlicher Stiele ausgebildet. An der unteren Seite des Kopfes sind in zwei parallelen Feldern dichte schmale Abdrückspuren (Abdruck eines Leinentextil?) zu beobachten. Gr.: 78×50×46 mm *(Abb. 8,2; 10,3).*

Bolerázer Kulturschicht Nr. 1384, Quadranten 41/21 – 42/21, uncharakteristisches Bolerázer und (frühes?) Badener-Material. Obere Bauchbruchstück einer großen kugeligen Amphore, brau-graue Farbe, aus mit Glimmersand und Keramiksplitter gemagertem Ton, poliert, am Hals mit waagerechter Kannelierung. An der Bandzusammenfügung zerbrochen. Der Bauch ist senkrecht kanneliert und ist mit einem dreikantigen Buckel dekoriert, der an einem sehr stark stilisierten Wiederkäuerkopf (Stier, Widder?) erinnert. Es ist vorstellbar, dass die Plastik neben der Dekoration auch eine funktionale Rolle spielte.[120] Gr.: 208×82×11 mm *(Abb. 5,4).*

Grube Nr. 1612, Quadranten 43/12–13, Phasen IIB-III der Badener Kultur. In der 6. Schicht der mehrschichtigen Opfergrube auf dem Nacken eines alten Rindes das durch Joch hervorgerufene beginnende Abwetzung.
Schicht Nr. 6.: Skelett eines 6-8 alten Stieres, Schädel und Glieder eines adulten Rindes (durch das Nackenjoch verursachte Hornzapfen-Deformation am Schädel), Skelette und Teilskelette 34 verschiedenen Schafen, Glieder von 10 noch nicht geborenen Lämmer, Glieder von jungen Schweinen, Glieder eines adulten Urochsen, Hirnschädel eines jungen Rothirsches. Radiokarbondaten aus dem Hundeskelett, obere Schicht: 3140–2990 ±70 cal BC, 1 σ *(Abb. 3,5–6).*

Grube 1417, Quadrant 46/10, uncharakteristisches (älteres klassisches IIB-III?) Baden-Material: Wagenrad-Modell.
Bikonisches Wagenrad-Modell, in der Mitte durchbohrt, grau, poliert mit Keramiksplitter gemagert, d=67, m.: 26, D des Loches 9 und 11 mm *(Abb. 5,1).*

Grube Nr. 1565, Quadranten 46/6 – 47/6, Phasen IIA-IIB-III der Badener-Kultur: Wagenrad-Modell.
Wagenrad-Modell von roter und grauer Farbe, mit Flammflecken, geglättet, mit

---

[120] Analogie des Bruchstückes ist aus Palt bekannt (Österreich): Mödling–Zöbing-Gruppe (Jevíšovice-Kultur), SCHMITSBERGER 2006, 151, Abb. 3,10. *(Abb. 5,6)* Die Mödling–Zöbing-Gruppe kann in die jüngere, II. Phase der Kultur eingestuft werden, ist aber unklar ob sie mit der späten IIb oder spätesten IIc Phase korreliert werden kann – die letztgenannte Phase ist mit der frühbronzezeitlichen Makó–Kosihy–Čaka-Kulturen parallel – und somit jünger als die Badener-Kultur. Die zitierte Amphore repräsentiert aus typologischer Sicht eine ältere Form und kann mit der Baalberg-Kultur in Verbindung gebracht werden *(Abb. 5,6).*

Glimmersand und Keramiksplitter gemagert, in der Mitte durchbohrt, d=11–14 mm. Beide Löcher sind mit betonten Kanten ausgebildet, die Seiten sind symmetrisch leicht gewölbt, d=70 mm *(Abb. 5,3)*.

Grube Nr. 1841, Quadranten 40/4, uncharakteristisches Baden-Material: auf dem Unterkiefer Spuren einer Verletzung.

Auf dem Unterkiefer der maturus Kuh Spuren einer physischen Verletzung (vermutlich durch Steinbeil) *(Abb. 3, 3–4)*.

Grube Nr. 1594, Quadrant 48/11, unter der Kulturschicht Nr. 925, uncharakteristisches Baden-Material.

Bikonisches und symmetrisch geformtes Wagenrad-Modell, mit rötlich-brauner Farbe, in der Mitte durchbohrt, abgenutzte Oberfläche, D=60, m.: 30, D des Loches 9 und 10 mm.

Grube 1856, Quadrant 44/6, unter der Kulturschicht Nr. 925, ältere klassische Phase der Badener-Kultur? Doppelte Rindskelette in einer Opfergrube.

Während der Profilfreilegung der seichten, in der oberen Schicht viel Asche, Holzkohle und Lehmbewurf beinhaltenden Grube wurde ein Rindskelett dokumentiert. Nach der Entnahme der Knochen wurde ein weiteres Rindskelett freigelegt. Die weiteren Funde der Grube Nr. 1856. kann als uncharakteristisches Baden-Material bewertet werden, anhand der Stellung der Grube innerhalb der Siedlung: ältere klassische Badener-Kultur?

Archäozoologische Bestimmung: Skelett eines 4-6 monatigen Rindes; Skelett einer adultus-maturus Kuh; weitere tierische Skelettteile: Glieder einer adulten Kuh; Lendenwirbel eines Hundes *(Abb. 3,1–2)*.

8. Literaturverzeichnis

AMMERMANN / CAVALLI SFORZA 1974
A. J. AMMERMANN / L. L. CAVALLI SFORZA, The Genetics of Human Populations. Scientific American, Sept. 1974, 80–89.

ANDERSON 2006
P. C. ANDERSON, Premiers tribulums, premières tractions animales au Proche-Orient vers 8000–7500 BP? In: PÉTREQUIN U. A. 2006A, 299–317.

ANTHONY 2007
D. W. ANTHONY, Horse, the Wheel and Language. How Bronze Age riders from the Eurasian steppes shaped the Modern World (Princeton / Oxford 2007).

ARBOGAST U. A. 2006
R.-M. ARBOGAST / S. JACOMET / M. MAGNY / J. SCHIBLER, The significance of climate fluctuations for lake level changes and shifts in subsistence economy during the late Neolithic (4300–2400 BC) in Central Europa. Veget. Hist. Archeobotany 2006, 403–418. <DOI 10.1007/s00334–006–0053y> (10.09.2013).

BĂCUEȚ 1998
S. BĂCUEȚ, Un cărucior de lut descoperit la Bădăcin (jud. Sălaj) (A clay wagon discovered Bădăcin [Sălaj county]). Apulum 35, 1998, 37–41.

BAILLE / MUNRO 1988
M. G. L. BAILLIE / M. A. R. MUNRO, Irish tree rings, Santorini and volcanic dust veils. Nature 332, 24, 1988, 344–346.

BALASESCU U. A. 2006
A. BALASESCU / D. MOISE / V. RADU, Une utilisation des bovins pour la traction pendant le Chalcolithque en Roumanie? In: PÉTREQUIN U. A. 2006A, 269–275.

BALDIA U. A. 2008
M. O. BALDIA / D. S. FRINK / M. T. BOULANGER, Problems in the Archaeological Legacy: The TRB / Lengyel–Baden Conundrum. In: M. Furholt / M. Szmyt / A. Zastawny (Hrsg.), The Baden Complex and the Outside World. Proceedings of 12th Annual Meeting EAA, Cracow 19–24th September 2006. Stud. Arch. Ostmitteleuropa 4 (Bonn 2008) 25–49.

BAKKER U. A. 1999
J. A. BAKKER / J. KRUK / A. E. LANTING / S. MILISAUSKAS, The earliest evidence of wheel vehicles in Europe and the Near East. Antiquity 73, 1999, 778–790.

BANNER 1956
J. BANNER, Die Péceler Kultur. Arch. Hungarica 35 (Budapest 1956).

BÁTORA 1983
J. BÁTORA, Záver eneolitu a zaciatok doby bronzovej na východnom Slovensku. Hist. Carpatica 14, 1983, 169–226.

BENECKE 1994
N. BENECKE, Der Mensch und seine Haustiere. Die Geschichte einer jahrtausendealten Beziehung (Stuttgart 1994).

BENEŠOVÁ 1956
A. BENEŠOVÁ, Staré Zámky. Památky Arch. 47, 1956, 236–244.

BOLLWEG 1999
J. BOLLWEG, Vorderasiatische Wagentypen im Spiegel der Terracottenplastik bis zur Babylonischen Zeit. Orbis Biblicus et Orientalis 167 (Freiburg, CH/Göttingen 1999).

BONDÁR 1990
M. BONDÁR, Das frühronzezeitliche Wagenmodell von Börzönce. Commumicationes Arch. Hungariae 1990, 77–93.

BONDÁR 1992
M. BONDÁR, Korabronzkori kocsimodell Börzöncéről [Das frühbronzezeitliche Wagenmodell von Börzönce]. Zalai Múzeum 4, 1992, 113–129.

BONDÁR 2001
M. BONDÁR, L'état des rescherches sur la Culture de Baden en Hongrie [Les découvertes récentes concernant la période ancienne]. In: P. Roman / S. Diamandi (Hrsg.), Cernavodă III – Boleraz. Ein vorgeschichtliches Phänomen zwischen dem Oberrhein und der unteren Donau. Symposium Mangalia / Neptun, 18.–24. Oktober 1999. Stud. Danubiana, ser. Symp. 2 (București 2001) 437–458.

BONDÁR 2004
M. BONDÁR, A kocsi a késő rézkori Európában (Der Wagen im spätkupferzeitlichen Europa). Archaeológiai Értesítő 129, 2004, 5–34.

BONDÁR 2006
M. BONDÁR, Le chariot en Europe au Chalcolithiqué récent. In: PÉTREQUIN U. A. 2006A, 225–239.

BONDÁR 2013
M. BONDÁR, Újabb késő rézkori kocsimodell a Kárpát-medencéből. A Kaposvári Rippl-Rónai Múzeum Közleményei 1, 2013, 97–106.

BONDÁR / RACZKY 2009
M. BONDÁR / P. RACZKY (Hrsg.), The Copper Age Cemetery of Budakalász (Budapest 2009).

BÓNA 1960
I. BÓNA, Clay Models of Bronze Age Wagons and Wheels in the Middle Danubien Basin. Acta Arch. Acad. Scien. Hungaricae 12, 1960, 83–111.

BURMEISTER 2006
S. BURMEISTER, Chemins néolithiques en Allemagne du Nord. In: PÉTREQUIN U. A. 2006A, 207–215.

BURMEISTER 2010
S. BURMEISTER, Rad und Wagen. Eine folgenreiche Erfindung. In: Redig. C. Lichter, Jungsteinzeit im Umbruch. Die „Michelsberger Kultur" und Mitteleuropa vor 6000 Jahren (Karlsruhe 2010) 218–230.

BURMEISTER 2011
S. BURMEISTER, Innovationswege – Wege der Kommunikation. Erkenntnisprobleme am Beispiel des Wagens im 4. Jt. v. Chr. In: S. Hansen / J. Müller (Hrsg.), Sozialarchäologische Perspektiven: Gesellschaftlichen Wandel 5000-1500 v. Chr. Zwischen Atlantik und Kaukasus. Archäologie in Eurasien 24 (Berlin / Kiel 2011) 211–240.

BUTTERLIN / MARGUERON 2006
P. BUTTERLIN / J.-C. MARGUERON, Deux roues à Mari et le problème de l'invention de la rous en Mésopotamie. In: PÉTREQUIN U. A. 2006A, 317–329.

CAPITANI U. A. 2002
A. DE CAPITANI / S. DESCHLER-ERB / U. LEUZINGER / E. MARTI-GRÄDEL / J. SCHIBLER, Die jungsteinzeitliche Seeufersiedlung Arbon / Bleiche 3. Funde. Arch. Thurgau 11 (Frauenfeld 2002).

CICHOCKI 2002

O. Cichocki, Ein Holzobjekt aus Scharfling am Mondsee (Oberösterreich). In: Köninger u. a. 2002, 81–83.

Ciugudean 2000

H. Ciugudean, Eneolithicul final in Transilvania si Banat: cultra Coţofeni. Bibliotheca Historica et Arch. Banatica 26 (Timişoara 2000).

Chropovský 1973

B. Chropovský (Hrsg.), Symposium über die Entstehung und Chronologie der Badener Kultur (Bratislava 1973).

Condominas 1983

G. Condominas, Aspects écologiques d'un espace social restreint en Asie du Sud-Est. Études rurales 89–91, 1983, 11–76.

Craig u. a. 2003

O. Craig / J. Chapman / A. Figler / P. Patay / G. Taylor / M. J. Collins, 'Milk Jugs' and other myths of the Copper Age of Central Europe. European Journal Arch. 6, 2003, 251–265.

Czebreszuk / Müller 2001

J. Czebreszuk / J. Müller (Hrsg.), Die absolute Chronologie in Mitteleuropa 3000–2000 BC. Stud. Arch. Ostmitteleuropa 1 (Rahden / Westf. 2001).

Demakopoulou u. a. 2000

K. Demakopoulou / C. Eluere / J. Jensen / A. Jockenhövel / J.-P. Mohen (Hrsg.), Gods and Heroes of Bronze Age Europe. The roots of Odysseus. 25th Counceil of Europe Art Exhibition (London 2000).

Dinu 1981

M. Dinu, Clay models of wheels discovered in Copper Age Cultures of Old Europe Mid-Fifth Millenium B.C. Journal Indoeuropean Stud. 9, 1981, 1–15.

Douglas 2003

M. Douglas, Rejtett jelentések [*Implicit Meanings. Essays in Anthropology*] (Budapest 2003).

Dumitrescu / Togan 1971

S. Dumitrescu / G. Togan, Săpăturile archeologice de la Boarta-Cetăţuie (jud. Sibin). Archäologische Ausgrabungen in Boarta-„Cetăţuie" (Bez. Sibin). Acta Mus. Napocensis 8, 1971, 423–436.

Ecsedy 1982

I. Ecsedy, Későrézkori leletek Boglárlelléről. Appendix: I. Vörös, A boglárlellei későrézkori gödör állatcsontleletei [Late Copper Age finds from Boglárlelle. Anhang: I. Vörös, Die Tierknochenfunde einer spätkupferzeitlichen Grube von Boglárlelle]. Communicationes Arch. Hungariae 1982, 15–31.

Endrődi 2004

A. Endrődi (Hrsg.), Hétköznapok és vallásos élet a rézkor végén. A Baden-kultúra 5000 éves emlékei Budapesten (Everyday life and spirituality at the end of the Copper Age. 5000 years old remains of the Baden Culture in Budapest). Budapest Történeti Múzeum, kiállítási katalógus (Budapest 2004).

Endrődi / Vörös (Manuscript)

A. Endrődi / I. Vörös, Késő rézkori szarvasmarha temetkezések Magyarország területén. Kézirat [Spätkupferzeitliche Tieropfergruben aus Ungarn]. In: Studien zur Metallindustrie und Glaubenswelt der Kupferzeit Mitteleuropas. Festschrift für Pál Patay zum 85. Geburtstag (Budapest, im Druck [Manuskript eingereicht 1997]).

Farkaš 2010

Z. Farkaš, Rectangular vessels (wagon models) of the Boleráz group from Pezinok and Chorvátsky Grob. In: J. Šuteková / P. Pavúk / P. Kalábková / B. Kovár (Hrsg.), Panta Rhei. Studies on the Chronology and Cultural Development of South-Eastern and Central Europe in Earlier Prehistory. Presented to Juraj Pavúk on the Occasion of his 75th Birthday (Bratislava 2010) 435–449.

Fedele 2006

F. Fedele, La traction animale au Val Camonica et an Valteline pendant le Néolithique et la Chalcolithique (Italie). In: Pétrequin u. a. 2006a, 47–63.

Fenton u. a. 1973

A. Fenton / J. Podolák / H. Rasmussen (Hrsg.), Land transport in Europe. Folkelivs Stud. 4 (København 1973).

Filip 1966

J. Filip, Enzyklopädisches Handbuch zur Ur- und Frühgeschichte Europas 1 (Prag 1966).

Fodor 1991

I. Fodor, A magyar szekerezés kezdetei. In: Z. Ujvári (Hrsg.), Történelem, régészet, néprajz (Debrecen 1991) 115–123.

Fodor 1992

I. Fodor, Die Anfänge der ungarischen Landfuhre. In: P. Deréky / M. Sz. Bakró-Nagy / T. Riese / P. Hajdú (Hrsg.), Festschrift für Károly Rédei zum 60. Geburtstag (Wien / Budapest 1992) 135–144.

Furholt 2003

M. Furholt, Die absolutchronologische Datierung der Schnurkeramik in Mitteleuropa und Südskandinavien. Universitätsschr. prähist. Arch. 101 (Bonn 2003).

Furholt 2008

M. Furholt, Pottery, cultures, people? The European Baden material re-examined. Antiquity 82, 2008, 617–628.

Furholt 2009

M. Furholt, Die nördlichen Badener Keramikstile im Kontext des mitteleuropäischen Spätneolithikums (3650-2900 v. Chr.). Studien zur Archäologie in Ostmitteleuropa 3 (Bonn 2009).

Gherdán u. a. 2010

K. Gherdán / M. Tóth / K. Herbich / M. Hajnalová / M. Hložek / L. Prokeš / J. Mihály / T. Horváth, Természettudományos megfigyelések a középső és késő rézkori kúltúrák fazekasáruin Balatonőszöd-Temetői dűlő lelőhelyen [Analytical data on Middle and Late Copper Age pottery production at Balatonőszöd-Temetői dűlő]. Archeometriai műhely 2010:1, 83–104.

Gei 2000

A. N. Gei, Novotitarovskaja kultura (Moszkva 2000).

Georgiev / Merpert 1966

G. I. Georgiev / N. J. Merpert, The Ezero Mound in South-East Bulgaria. Antiquity 40, 1966, 33–37.

Gross-Klee / Maise 1997

E. Gross-Klee / Ch. Maise, Sonne, Vulkane und Seeufersiedlungen. Jahrb. SGUF 80, 1997, 85–94.

György 2008

L. György, A Baden-kultúra telepe Mezőkövesd-Nagy-Fertőn [Die Siedlung der Badener Kultur in Mezőkövesd-Nagy-Fertő]. Borsod-Abaúj-Zemplén megye régészeti emlékei 7 (Miskolc 2008).

György 2009
L. György, A Baden-kultúra települése Dunaszentgörgy közelében [A settlement of the Baden culture near Dunaszentgyörgy]. In: L. Bende / G. Lőrinczy (Hrsg.), Medinától Etéig. Régészeti tanulmányok Csalog József születésének 100. évfordulójára. (Szentes 2009) 255–263.

Hafner 2002
A. Hafner, Prähistorische Weganlagen der Westschweiz. Beispiele von Bieler und Neuenburger See. In: Köninger u. a. 2002, 139–143.

Hafner 2010
A. Hafner, Pfahlbauten rund um die Alpen. Kulturen des 5. und 4. Jahrtausend v. Chr. im zircumalpinen Raum. In: Redig. C. Lichter, Jungsteinzeit im Umbruch. Die „Michelsberger Kultur" und Mitteleuropa vor 6000 Jahren. Badisches Landesmuseum (Karlsruhe 2010) 104–109.

Hafner / Suter 2003
A. Hafner / P. J. Suter, Das Neolithikum in der Schweiz. jungsteinSITE, Artikel. Erstellt am 27.11.2003 <http://www.jungsteinsite.de/> (10.09.2013)

Harwath 2002
A. Harwath, Eine Schleifspur auf der Oberfläche der Kulturschicht von Hornstad Hörnle IA? In: Köninger u. a. 2002, 66–69.

Häusler 1985
A. Häusler, Die Anfänge von Rad und Wagen in der Kulturgeschichte Europas. Produktivkräfte und Produktionverhältnisse (Berlin 1985).

Helms 1988
M. Helms, Ulysess' Sail. An Ethnographic Odyssey of Power, Knowledge, and Geographical Distance (Princeton 1988).

Heusmüller 2002
M. Heusmüller, Die Bohlenwege des Alpenvorlandes im Jung- und Endneolithikum. In: Köninger u. a. 2002, 133–139.

Horváth 2004a
T. Horváth, Late Copper Age settlement in Balatonőszöd, Hungary. Acta Arch. Carpatica 39, 2004, 59–85.

Horváth 2004b
T. Horváth, Emberi vázakat tartalmazó objektumok Balatonőszöd-Temetői dűlő badeni településéről [Human burials from the Baden settlement of Balatonőszöd-Temetői dűlő]. Somogyi Múzeumok Közleményei 16, 2004, 71–110.

Horváth 2004c
T. Horváth, A vatyai kultúra településeinek kőanyaga. Komplex régészeti és petrográfiai feldolgozás [Die Steinfunde der Siedlungen von Vatya-Kultur]. Unpubl. Diss. Eötvös Loránd Univ. Budapest (Budapest 2004). https://independent.academia.edu/TündeHorváth1/Thesis-chapters

Horváth 2006a
T. Horváth, A badeni kultúráról – rendhagyó módon (About Baden Culture – an irregular approach). Nyíregyházi Jósa András Múzeum Évkönyve 48, 2006, 89–133.

Horváth 2006b
T. Horváth, Állattemetkezések Balatonőszöd-Temetői dűlő Badeni lelőhelyen [Animal-burials in the Late Copper Age Baden Site: Balatonőszöd-Temetői dűlő]. Somogyi Múzeumok Közleményei 17, 2006, 107–152.

Horváth 2008a

T. Horváth, Sozialmorphologische Studie der spätkupferzeitlichen Baden-(Pécel)-Kultur. Mitt. Anthr. Ges. Wien 138, 2008, 159–203.

Horváth 2008b

T. Horváth, Balatonőszöd – an Unusual Settlement? In: M. Furholt / M. Szmyt / A. Zastawny (Hrsg.), The Baden Complex and the Outside World. Stud. Arch. Ostmitteleuropa 4 (Bonn 2008) 71–89.

Horváth 2009a

T. Horváth, The Intercultural Connections of the Baden "Culture". ΜΟΜΟΣ 6, 2009, 101–149.

Horváth 2009b

T. Horváth, Új szempontok a szelevény-vadasi kultuszedény kulturális besorolásához és keltezési problémához [New aspects of the cultural attribution and dating of the cult vessel from Szelevény-Vadas]. Ősrégészeti levelek 11, 2009, 129–135.

Horváth 2010a

T. Horváth, Manifestationen des Transzendenten in der Badener Siedlung von Balatonőszöd-Temetői Dűlő: Kultgegenstände. Prähist. Zeitschr. 85, 2010, 79–119.

Horváth 2010b

T. Horváth, Manifestation des Transzendenten in der Badener Siedlung von Balatonőszöd-Temetői dűlő: Zeremoniengefässe. Acta Arch. Scien. Hungaricae 61, 2010, 1–48.

Horváth 2010c

T. Horváth, Transcendent phenomena in the Late Copper Age Boleráz / Baden settlement uncovered at Balatonőszöd-Temetői dűlő: human and animal „depositions". jungsteinSITE, Artikel. Erstellt am 1.09.2010 <www.jungsteinSITE.de> (1.9. 2010).

Horváth 2010d

T. Horváth, Megfigyelések a középső és késő rézkori kultúrák fazekasáruin Balatonőszöd–temetői dűlő lelőhelyen. Készítéstechnikai vizsgálatok [Archaeological contribution to the study of the Middle and Late Copper Age pottery. Pottery manufacture]. Archeometriai Műhely 1, 2010, 51–81.

Horváth 2010e

T. Horváth, A szárazföldi szállítás kezdete és hatása a Boleráz/Baden kultúrák életében [The dawn and the impact of overland transport in the life of Boleráz/Baden Culture]. Nyíregyházi Jósa András Múzeum Évkönyve 52, 2010, 95–139.

Horváth 2011a

T. Horváth, Hajdúnánás-Tedej-Lyukas-halom – An interdisciplinary survey of a typical kurgan from the Great Hungarian Plain region: a case study (The revision of the kurgans from the territory of Hungary). In: Á. Pető / A. Barczi (Hrsg.), Kurgan Studies: An environmental and archaeological multiproxy study of burial mounds in the Eurasian steppe zone. British Archaeological Reports International Series 2238 (Oxford 2011) 71–131.

Horváth 2011b

T. Horváth, Die kulturelle Einordung und Datierung des Kultgefasses von Szelevény-Vadas. Das Alterthum 2011, 56:3, 223–230.

Horváth 2012a

T. Horváth, Animal deposits in the Late Copper Age Settlement of Balatonőszöd-Temetői dűlő, Hungary. In: A. Pluskowski (Hrsg.), The ritual killing and Burial of Animals (Oxford 2012) 115–136.

Horváth 2012b

T. Horváth, Networks and Netwars: New perspectives on the Late Copper Age and Early

Bronze Age. Typo-chronological relationships of the Boleraz/Baden/Kostolac finds at the site of Balatonőszöd–Temetői dűlő, Hungary. British Archaeological Reports International Series 2427 (Oxford 2012).

Horváth 2014

T. Horváth (Hrsg.), The Prehistoric Settlement at Balatonőszöd–Temetői-dűlő. Varia Archaeologica Hungarica 29 (Budapest 2014).

Horváth / Balen 2012

T. Horváth / J. Balen, The cultural attribution and dating of the cult vessel from Szelevény-Vadas. Opuscula Archaeol. 36, 2012, 7–25.

Horváth u. a. 2006

T. Horváth / É.S. Svingor / M. Molnár, Újabb adatok a Baden–péceli kultúra keltezéséhez [Neuere Daten zur Chronologie der Baden-Pécel-Kultur]. Archeometriai Műhely 3:3, 2006, 19–30.

Horváth u. a. 2007

T. Horváth / K. Gherdán / K. Herbich / Z. Vasáros, Häuser der Badener Kultur am Fundort Balatonőszöd-Temetői dűlő. Acta Arch. Scien. Hungaricae 58, 2007, 43–105.

Horváth u. a. 2008

T. Horváth / É. S. Svingor / M. Molnár, New radiocarbon dates for the Baden Culture. Radiocarbon 50, 2008, 447–458.

Izbitser 1993

E. V. Izbitser, Wheeled Vehicle burials of the steppe zone of Eastern Europe and the Northern Caucasus III–II Millennium BC (unpubl. Dissertation St.Peterburg 1993).

Jacomet / Schibler 2006

S. Jacomet / J. Schibler, Traction animale et données paléoenvironmentales au Néolithique dans le nord des Alpes. In: Pétrequin u. a. 2006a, 141–157.

Jeunesse 2006

C. Jeunesse, Les sépultures de paires de bovins dans le Néolithique final de l'est de l'Europe centrale. In: Pétrequin u. a. 2006a, 247–259.

Jurišić 1989

M. Jurišić, Ukopi životinja na Vučedolu [Animal Burials on the Site Vučedol]. Opuscula Arch. (Zagreb) 14, 1989, 17–31.

Kaiser 2010

E. Kaiser, Wurde das Rad zweimal erfunden? Zu den frühen Wagon in der eurasische Steppe. Prähist. Zeitschr. 85, 2010, 137–158.

Kalicz 1976

N. Kalicz, Ein neues kupferzeitliches Wagenmodell aus der Umgebung von Budapest. In: H. Mitscha-Märheim / H.-K. Friesinger / H. Kerchler (Hrsg.), Festschrift für R. Pittioni zum siebzigsten Geburtstag. Arch. Austriaca Beiheft 13, 1976, 188–202.

Kalmar / Pop 1988

Z. Kalmar / P. Pop, Descoperiri archeologice în comuna Agrij [Archäologische Entdeckungen in der Gemeinde Agrij]. Acta Musei Porolissensis 12, 1988, 71–83.

Kośko / Klochko 2009

A. Kośko / V. I. Klochko, Transit routes between the Baltic and Black seas: early development stages – from the 3rd to the middle of the 1st Millenium BC. An outline of research project. In: A. Kośko (Hrsg.), Routes between the Seas: Baltic-Bug-Boh-Pont from the 3rd to the Middle of the 1st Millennium BC. Baltic-Pontic Studies (Poznań) 14, 2009, 9–19.

Kośko / Szmyt 2010

A. Kośko / M. Szmyt (Hrsg.), 'Cord' ornaments on pottery in the Vistula and Dnieper interfluvial region: 5th–4th Mill. BC. Baltic-Pontic Studies (Poznań) 15, 2010.

Klassen 2001

L. Klassen, Frühes Kupfer im Norden. Untersuchungen zu Chronologie, Herkunft und Bedeutung der Kupferfunde der Nordgruppe der Trichterbecherkultur. Jysk Ark. Selskab 36 (Aarhus University Press 2001).

Klassen 2004

L. Klassen, Jade und Kupfer. Untersuchungen zum Neolitisierungsprozess im westlichen Ostseeraum unter besonderer Berücksichtigung der Kulturentwicklung Europas 5500–3500 BC (Aarhus 2004).

Kmoch 1972

M. Kmoch, Unterrohrbach. Fundber. Österreich 11, 1972, 21–22.

Korek u. a. 1951

J. Korek / J. Nemeskéri / S. Bökönyi / I. Meznerics / K. Szepesi, A badeni kultúra temetője Alsónémedin [Das Gräberfeld der Baden-Kultur in Alsónémedi]. MTA II. Társadalom-Történeti Tudományos Osztály Közleményei 1:1, 1951, 41–104.

Kovács 2006

T. Kovács, Bisher unbekannte kupfer- und bronzezeitliche Wagenmodelle aus Ungarn. Acta Arch. Acad. Scien. Hungaricae 57, 2006, 35–45.

Köninger 2002

J. Köninger, Schleife, Schlitten oder Wagen? Rätselhafte Holzobjekte aus Ufersiedlungen Oberschwabens und des Bodensees. In: Köninger u. a. 2002, 71–81.

Köninger u. a. 2001

J. Köninger / M. Kolb / H. Schlichtherle, Elemente von Boleraz und Baden in den Feuchtbodensiedlungen des Südwestdeutschen Alpenvorlandes und ihre mögliche Rolle im Transformationsprozess des lokalen Endneolithikums. In: P. Roman / S. Diamandi (Hrsg.), Cernavodă III – Boleraz . Ein vorgeschichtliches Phänomen zwischen dem Oberrhein und der unteren Donau. Symposium Mangalia / Neptun, 18.–24. Oktober 1999. Studia Danubiana, ser. Symp. 2 (Bucureşti 2001) 641–672.

Köninger u. a. 2002

J. Köninger / M. Mainberger / H. Schlichtherle / M. Vosteen (Hrsg.), Schleife, Schlitten, Rad und Wagen. Zur Frage früher Transportmittel nördlich der Alpen. Hemmenhofener Skr. 3 (Freiburg i. B. 2002).

Kövecses-Varga 1990

E. Kövecses-Varga, Grubenhäuser mit verschmiertem Boden in einer Siedlung der Badener (Péceler) Kultur. In: B. Chropovský (Hrsg.), Die Ergebnisse der archäologischen Ausgrabung beim Aufbau des Kraftwerksystems Gabčikovo-Nagymaros (Nitra 1990) 11–15.

Kővári 1993

K. Kővári, Kisvác-Liliom u. 17.31/65. Magyarország Régészeti Topográfiája 9, 1993, 483–484.

Kővári 2010

K. Kővári, Late Copper Age vessel with cattle head decoration from Vác. Acta Arch. Akad. Scien. Hungaricae 61, 2010, 381–399.

Kővári / Patay 2005

K. Kővári / R. Patay, A Settlement of the Makó Culture at Üllő. New Evidence for Early Bronze Age Metalworking. Commun. Arch. Hungariae 2005, 83–142.

Kristiansen / Larsson 2007

Kristiansen / Larsson 2007
K. Kristiansen / T. Larsson, Contacts and Travels during the 2nd Millenium BC Warriors on the Move. In: I. Galanaki / H. Tomas / Y. Galanakis / R. Laffineur (Hrsg.), Between the Aegean and Baltic Seas. Prehistory across borders. Aegaeum 27 (Liège 2007) 25–35.

Kuzmina / Mair 2007
E. E. Kuzmina / V. H. Mair, The Prehistory of the Silk Road. Encounters with Asia (Philadelphia 2007).

Leuzinger 2000
U. Leuzinger, Die jungsteinzeitliche Seeufersiedlung Arbon/Bleiche 3. Befunde. Arch. Thurgau 9 (Frauenfeld 2000).

Lignereux u. a. 2006
Y. Lignereux / J. Vaquer / J. Collonge, Traction animale et lésions Osseuses. Quelques cas dans le Néolithique final languedocien (France). In: Pétrequin u. a. 2006a, 31–39.

Louwe 2006
L. P. Louwe Kooijmans, Les débuts de la traction animale aux Pays-Bas et ses conséquences. In: Pétrequin u. a. 2006a, 191–207.

Magny 2004
M. Magny, Holocene climate variability as reflected by mid-European lake-level fluctuations and its probable impact on prehistoric human settlements. INQUA Quaternary Internat. 113:1, 2004, 65–79.

Magny / Haas 2004
M. Magny / J. N. Haas, A major widespread climatic change around 5300 cal yr. BP at the time of the Alpine Iceman. Journal Quaternary Scien. 19, 2004, 423–430.

Maier 1955
R. A. Maier, Keramik der Badener Kultur aus Ufersiedlungen des Bodensee. Germania 33, 1955, 155–173.

Mainberger 1998
M. Mainberger, Das Moordorf von Reute. Archäologische Untersuchungen in der jungneolitischen Siedlung Reute-Schorrenried. Steinzeit in Oberschwaben. Teraqua CAP, Staufen i. Br. 1998.

Mainberger 2002
M. Mainberger, Sommerschlitten, Ackerrutschen, Pflugschleifen: Rezente radlose Transportfahrzeuge und die „Schleife" von Reute-Schorrenreid. In: Köninger u. a. 2002, 83–93.

Makohonienko 2009
M. Makohonienko, Natural scientific aspects of prehistoric and early historic transit routes in the Baltic-Pontic cultural area. In: A. Kośko (Hrsg.), Routes between the Seas: Baltic-Bug-Boh-Pont from the 3rd to the Middle of the 1st Millennium BC. Baltic-Pontic Studies (Poznań) 14, 2009, 19–72.

Maran 1998
J. Maran, Die Badener Kultur und der ägäisch-anatolische Bereich. Eine Neubewertung eines alten Forschungsproblemes. Germania 76:2, 1998, 497–525.

Maran 2004
J. Maran, Die Badener Kultur und ihre Räderfahrzeuge. In: M. Fansa / St. Burmeister (Hrsg.), Rad und Wagen. Der Ursprung einer Innovation Wagen im Vorderen Orient und Europa. Arch. Mitt. Nordwestdeutschland Beih. 40 (Mainz 2004) 265–282.

Matuschik 2002
I. Matuschik, Kupferne Rindergespann – Darstellungen der mitteleuropäischen Kupferzeit.

In: KÖNINGER u. a. 2002, 111–123.

MATUSCHIK 2006
I. MATUSCHIK, Invention et diffusion de la roue dans l'Ancien Monde: l'apport de l'iconographie. In: PÉTREQUIN u. a. 2006A, 279–299.

MAUSS 2004
M. MAUSS, Szociológia és antropológia / Sociologie et antropologie (Budapest 2004).

MISCHKA 2011
D. MISCHKA, The Neolithic burial sequence at Flintbek LA3, north Germany, and ist cart tracks: a precise chronology. Antiquity 85, 2011, 742–759.

MILISAUSKAS / KRUK 1991
S. MILISAUSKAS / J. KRUK, Utilization of cattle for traction during the later Neoltihic in southeastern Poland. Antiquity 65, 1991, 562–566.

MORGUNOVA 2004
N. L. MORGUNOVA, Arheologija Orenburzsjá (Orenburg 2004).

MORGUNOVA u. a. 2003
N. L. MORGUNOVA / A. A. GOLYEVA / P. A. KRAJEVA / D. B. MESERJÁKOV / M. A. TURECKIJ / M. V. HALJÁPIN / O. SZ. KHOKHLOVA, Sumaevszkije kurgáni (Orenburg 2003).

NADLER 2002
M. NADLER, Tierische Arbeitskraft im Neolithikum? Belege von Ochsen im frühen Jungneolithikum von Marktbergel, Mittelfranken. In: KÖNINGER u. a. 2002, 109–111.

NAGEL 1984–1985
W. NAGEL, Zwei Kupfermodelle eines Kultwagens mit Rinderzweigespann vom zweiachsigen Gatterkanzeltyp aus der Alaca-Hüyük-Kultur im Museum für Vor- und Frühgeschichte Berlin. Acta Praehist. et Arch. 16–17, 1984–1985, 143–151.

NĚMEJCOVÁ-PAVÚKOVÁ 1981
V. NĚMEJCOVÁ-PAVÚKOVÁ, Nácrt periodizácie badenskej kultúry a jej chronologickych vztahov k juhovychodnej Európe. Slovenská Arch. 29, 1981, 261–291.

NĚMEJCOVÁ-PAVÚKOVÁ / BÁRTA 1977
V. NĚMEJCOVÁ-PAVÚKOVÁ / J. BÁRTA, Äneolitische Siedlung der Boleráz-Gruppe in Radošina. Slovenská Arch 25, 1977, 433–448.

NEVIZÁNSKY 2000
G. NEVIZÁNSKY, Pseudokernoi aus Stránska. Slovenska Arch. 48:2, 2000, 27–36.

NÉMETH u. a. 2010
G. P. NÉMETH / SZ. HONTI / L. KÖLTŐ / K. MAGYAR / I. MOLNÁR, Életük a régészet. Somogyi Múzumok Közleményei 19, 2010, 61–67.

NIESIOLOWSKA-ŚRENIOWSKA 1999
E. NIESIOLOWSKA-ŚRENIOWSKA, The Early TRB 'Ploughmarks' from Sarnowo in Central Poland: a New Interpretation. Oxford Journal Arch. 18:1, 1999, 17–21.

NOVOTNÝ 1972
B. NOVOTNÝ, Übersicht der vorgeschichtlichen Besiedlung der Zips (Spiš) und des Bereiches unterhalb der Hohen Tatra. Zborník Filozofickej Fakulty univerzity Komenského Musaica 22, 1972, 3–12.

OTROSHCHENKO 2009
V. V. OTROSHCHENKO, The Bronze Age communication route system in the Northern Pontic Area. In: A. Kośko (Hrsg.), Routes between the Seas: Baltic-Bug-Boh-Pont from the 3rd to the Middle of the 1st Millennium BC. Baltic-Pontic Studies (Poznań) 14, 2009, 462–475.

PALÁDI-KOVÁCS 1981

A. Paládi-Kovács (Hrsg.), Traditionelle Transportmethoden in Ostmitteleuropa (Budapest 1981).

Paládi-Kovács 2003

A. Paládi-Kovács, Szekerek, szánok, fogatok a Kárpát-medencében (Szentendre 2003).

Panayotov 1989

I. Panayotov, Jámnata kultúra v bulgarskite zemi. Razkopki i proucsvanyijá (Sofia) XXI, 1989.

Pätzold 1960

J. Pätzold, Rituelles Pflügen beim vorgeschichtlichen Totenkult. Prähist. Zeitschr. 37, 1960, 189–239.

Peške 1985

L. Peške, Bone finds of Bell Beaker cultre from the site of Holubice and notes on the harnessing. Arch. Rozhledy 37, 1985, 428–440.

Pétrequin u. a. 1998

P. Pétrequin / R.-M. Arbogast / C. Bourquin-Mignot / C. Lavier / A. Viellet, Demographic growth, environmental changes and technical adaptations: responses of an agricultural community from the 32nd to the 30th centuries BC. World Arch. 30, 1998, 181–192.

Pétrequin u. a. 2000

P. Pétrequin / P. Fluzin / J. Thierot / P. Benoit (Hrsg.), Arts du feu et productions artisanales. XXe rencontres internationales d'Archéologie et d'Histoire d'Antibes. Editions APDCA (Antibes 2000).

Pétrequin u. a. 2006a

P. Pétrequin / R.-M. Arbogast / A.-M. Pétrequin / S. van Willigen / M. Bailly (Hrsg.), Premiers chariots, premiers araires. La diffusion de la traction animale en Europe pendant les IVe et IIIe millénaires avant notre ère. Centre National de la Recherche Scientifique, Centre d'études Préhistoire, Antiquité, Moyen Âge, CRA 29 Monogr. (Paris 2006).

Pétrequin u. a. 2006b

P. Pétrequin / A.-M. Pétrequin / R.-M. Arbogast / D. Maréchal / A. Viellet, Travois et jougs du lac de Chalain à Fontenu (Jura, France). In: Pétrequin u. a. 2006a, 87–107.

Pétrequin u. a. 2006c

P. Pétrequin / A.-M. Pétrequin / M. Bailly, Vues du Jura français: les premières tractions animales au Néolithique en Europe occidentale. In: Pétrequin u. a. 2006a, 361–402.

Pétrequin u. a. 2006d

P. Pétrequin / G. Lobert / A. Maitre / J.-L. Monnier, Les outils à moissonner et la question de l'introduction de l'araire dans le Jura (France). In: Pétrequin u. a. 2006a, 107–121.

Petrović / Jovanović 2002

J. Petrović / B. Jovanović, Gomolava. Naselje kasnog eneolita. Gomolava Knjiga 4 (Novi Sad 2002).

Plogmann 2002

H. H. Plogmann, Früheste archäozoologische Heinweise zur Nutzung von Rindern als Zugtiere in Neolitischen Siedlungen der Schweiz. In: Köninger u. a. 2002, 103–107.

Piggott 1983

S. Piggott, The earliest wheeled transport. From the Atlantic Coast to the Caspian Sea (London 1983).

Pollex 1999

A. Pollex, Comments on the interpretation of the so-called cattle burials of Neolithic Central Europe. Antiquity 73, 1999, 542–550.

PRIMAS 1996
M. PRIMAS, Velika Gruda I. Hügelgräber des frühen 3. Jahrtausends v.Chr. im Adriagebiet. Velika Gruda, Mala Gruda und ihr Kontext. Universitätsforsch. prähist. Arch. 32 (Bonn 1996).

RADCLIFFE-BROWN 2004
A. R. RADCLIFFE-BROWN, A totemizmus szociológiai elmélete. In: A. R. Radcliffe-Brown, Struktúra és funkció a primitív társadalomban /Glencoe. The Free Press, 1952) (Debrecen 2004) 106–119.

RAETZEL-FABIAN 2002a
D. RAETZEL-FABIAN, Absolute Chronology and Cultural Development of the Neolithic Wartberg Culture in Germany. jungsteinSITE, Artikel. Erstellt 5.01.2002 <www.jungsteinsite.de> (12.9.2013).

RAETZEL-FABIAN 2002b
D. RAETZEL-FABIAN, Monumentality and Communication. Neolithic Enclosures and long distance tracks in West Central Europe. jungsteinSITE, Artikel. Erstellt 5.01.2002 <www.jungsteinsite.de> (12.9.2013).

RASSAMAKIN 1999
Y. Y. RASSAMAKIN, The Eneolithic of the Black Sea Steppe: Dynamics of Cultural and Economic Development 4500–2300 BC. In: M. Levine / Y. Y. Rassamakin / A. Kislenko / N. Tatarintseva (Hrsg.), Late prehistoric exploitation of the Eurasian steppe. McDonald Institute Monogr. (Cambridge 1999) 59–183.

REZI-KATÓ 1998
G. REZI-KATÓ, The Vessel from Szelevény-Vadas. Commun. Arch. Hungariae, 1998, 5–21.

REZI-KATÓ 2001
G. REZI-KATÓ, Adalékok a középső rézkor hitvilágához [Contributions to our perception of the Body of the Beliefs in the Middle Copper Age]. ΜΩΜΟΣ 1, 2001, 119–128.

ROLA 2009
J. ROLA, Construction issues in the North-West (Central-european) section of Baltic-Pontic inter-regional routes: the Noteć river crossing in Żuławka Mała – much ado about nothing? In: A. Kośko (Hrsg.), Routes between the Seas: Baltic-Bug-Boh-Pont from the 3rd to the Middle of the 1st Millennium BC. Baltic-Pontic Studies (Poznań) 14, 2009, 72–87.

ROMAN 1976
P. I. ROMAN, Cultura Coţofeni. Biblioteca Arch. 26 (Bucureşti 1976).

RUOFF 2006
U. RUOFF, Roues et chars: les plus anciennes découvertes de Suisse. In: PÉTREQUIN U. A. 2006A, 133–141.

RUTTKAY 1999
E. RUTTKAY, Siedlungsfunde der Boleráz-Gruppe aus Wien und dem norddanubischen Niederösterreich. Fundber. Österreich 38, 1999, 609–623.

RUTTKAY 2001
E. RUTTKAY, Jennyberg I. Eine Boleráz Siedlung in Mödling bei Wien. In: P. Roman / S. Diamandi (Hrsg.), Cernavodă III – Boleráz. Ein vorgeschichtliches Phänomen zwischen dem Oberrhein und der unteren Donau. Symposium Mangalia / Neptun, 18–24. Oktober 1999. Studia Danubiana, ser. Symp. 2 (Bucureşti 2001) 516–540.

SAPOSNIKOVA U. A. 1988
O. G. SAPOSNIKOVA / Y. J. RASSAMAKIN / G. L. JEVDOKIMOV / A. I. KUBISEV / V. V. OTROSENKO, Novie namjátnyiki kulturi sztyepnoj zoni ukrajni (Kiev 1988).

SAULIEU / SERRES 2006

G. DE SAULIEU / T. SERRES, Les reprezentations de la traction animale dans la région du Mont Bego (Alpes-Maritimes, France). In: PÉTREQUIN U. A. 2006A, 73–87.

SCHIER 2010

W. SCHIER, Jungneolithikum und Kupferzeit in Mitteleuropa (4500–2800 v.Chr.). In: Redig. C. Lichter, Jungsteinzeit im Umbruch. Die „Michelsberger Kultur" und Mitteleuropa vor 6000 Jahren. Katalog zur Ausstellung im Badischen Landesmuseum (Karlsruhe 2010) 26–36.

SCHLICHTHERLE 2002

H. SCHLICHTHERLE, Die jungsteinzeitliche Radfunde vom Federsee und ihre kulturgeschichtliche Bedeutung. In: KÖNINGER U. A. 2002, 9–35.

SCHLICHTHERLE 2004

H. SCHLICHTHERLE, Wagenfunde aus den Seeufersidelungen im zirkumalpinen Raum. In: M. Fansa / S. Burmeister (Hrsg.), Rad und Wagen. Der Ursprung einer Innovation. Wagen im Vorderen Orient und Europa. Beihefte der Archaologische Mitteilungen aus Nordwestdeutschland Nr. 40 (Mainz 2004) 295–314.

SCHLICHTHERLE 2006

H. SCHLICHTHERLE, Chemins, roues et chariots: innovations de la fin du Néolithique dans le sud-ouest de l'Allemagne. In: PÉTREQUIN U. A. 2006A, 165–179.

SCHMITSBERGER 2006

O. SCHMITSBERGER, Die Siedlung zum „Doppelgrab von Palt" der Jevišovicekultur. In: A. Krenn-Leeb / K. Grömer / P. Stadler, Ein Lächeln für die Jungsteinzeit. Ausgewählte Beiträge zum Neolithikum Ostösterreichs. Festschrift für Elisabeth Ruttkay. Arch. Österreich 17:2, 2006, 141–154.

SHERRATT 1981

A. SHERRATT, Plough and pastoralism: aspects of the secondary products revolution. In: I. Hodder / G. Isaac / N. Hammond (Hrsg.), Patterns of the Past. Studies in honour of D. Clarke (Cambridge 1981) 261–306.

SHERRATT 1983

A. SHERRATT, The secondary exploitation of animals in the Old World. World Arch. 15, 1983, 90–104.

SHERRATT 2003

A. SHERRATT, The Baden (Pécel) culture and Anatolia: perspectives on a cultural transformation. In: E. Jerem / P. Raczky (Hrsg.), Morgenrot der Menscheitsgeschichte in Mittel- und Südosteuropa. Festschrift für Nándor Kalicz zum 75. Geburtstag (Budapest 2003) 415–429.

SHERRATT 2004

A. SHERRATT, Economy and Society in Prehistoric Europe: Changing Perspectives (Princeton 2004).

SHERRATT 2006

A. SHERRATT, La traction animale et la transformation de l'Europe néolitihique. In: PÉTREQUIN U. A. 2006A, 329–361.

SIKLÓSI 2009

Zs. SIKLÓSI, Absolute and internal chronology of the Late Copper Age cemetery at Budakalász. In: M. Bondár / P. Raczky (Hrsg.), The Copper Age Cemetery of Budakalász (Budapest 2009) 457–475.

SOMOGYI 2004

K. SOMOGYI, Előzetes jelentés a Kaposvár – 61-es elkerülő út 29. számú lelőhelyén,

Kaposújlak-Várdomb-dűlőben 2002-ben végzett megelőző feltárásról. Somogyi Múzeumi Közlemények 16, 2004, 165–178.

SOPRONI 1954
S. SOPRONI, A budakalászi kocsi. Folia Arch. 6, 1954, 29–36.

SPANGENBERG U. A. 2006
J. E. SPANGENBERG / S. JACOMET / J. SCHIBLER, Chemical analyses of organic residues in archaeological pottery from Arbon Bleiche 3, Switzerland – evidence for dairying in the late Neolithic. Journal Arch. Scien. 33, 2006, 1–13.

SPITSYNA 2004
L. SPITSYNA, Baden traditions in the Late Eneolithic cultures of the Dnieper-Don. In: B. Hänsel / E. Studeniková (Hrsg.), Zwischen Karpaten und Ägäis. Neolithikum und Ältere Bronzezeit. Gedenkschrift für Viera Němejcová-Pavúková. Stud. Honoria 21 (Rahden / Westf. 2004) 371–377.

STADLER U. A. 2001
P. STADLER / S. DRAXLER / H. FRIESINGER / W. KUTSCHERA / A. PRILLER / W. ROM / P. STEIRER / E. M. WILD, Absolute chronology for early civilizations in Austria and Central Europe using 14C dating with accelerator mass spectrometry with special results for the absolute chronology of the Baden culture, In: P. Roman, S. Diamandi (Hrsg.), Cernavodă III–Boleraz – Ein vorgeschichtliches Phänomen zwischen dem Oberrhein und der unteren Donau. Symposium Mangalia/Neptun, 18–24. Oktober 1999. Studia Danubiana, ser. Symp. 2 (Bucureşti 2001) 541–562.

STEPPAN 2006
K. STEPPAN, Les boeufs néolithiques de Seekirch (Lkr. Biberach, Allemagne) et leurs modifications pathologiques. In: PÉTREQUIN U. A. 2006A, 179–187.

STRUHÁR 1999
V. STRUHÁR, Kupferzeitliches Kollektivgrab aus der Höhle bei Lisková, Kreis Ružomberok. In: I. Kuzma (Hrsg.), Otazky neolitu i eneolitu našich Krajín 1998 (Nitra 1999) 203–216.

ŠTURMS 1955
E. ŠTURMS, Die neolitische Plastik im nordischen Kulturkreis. Jahrb. RGZM 2, 1955, 21–27.

SÜMEGI U. A. 2011
P. SÜMEGI / O. HEINRICH-TAMÁSKA / T. TÖRÖCSIK / G. JAKAB / P. POMÁZI / P. MAJKUT / D. PÁLL / G. PERSAITS / E. BODOR, Reconstruction of the environmental history of Keszthely-Fenékpuszta. In: O. Heinrich-Tamáska (Hrsg.), Keszthely-Fenékpuszta im Kontext spätantiker kontiniutätsforschung zwischen Noricum und Moesia. Castellum Pannonicum Pelsonense Vol. 2 (Budapest / Leipzig / Keszthely 2011) 541–573.

SZMYT 2006
M. SZMYT, Dead animals and Living Society. jungsteinSITE, Artikel. Erstellt am 15.12. 2006 <www.jungsteinSITE.de> (15.12. 2006).

TARRRÚS U. A. 2006
J. TARRÚS / M. SAÑA / J. CHINCHILLA / A. BOSCH, La Draga (Banyoles, Catalogne): traction animale à la fin du VIᵉ millénaire? In: PÉTREQUIN U. A. 2006A, 25–31.

TONČEVA 1981
G. TONČEVA, Un habitat lacustre de l'âge du bronze ancien dans les environs de la ville de Varna (Ezerovo II). Dacia 26, 1981, 41–62.

VASÁROS / REZI-KATÓ 2002
Zs. VASÁROS / G. REZI-KATÓ (Hrsg.), Kelet és Nyugat határán. A Magyar Nemzeti Múzeum

állandó régészeti kiállítása (Budapest 2002).

VELUŠČEK 2002

A. VELUŠČEK, Ein Rad mit Achse aus dem Laibacher Moor. In: KÖNINGER U. A. 2002, 38–43.

VELUŠČEK 2009

A. VELUŠČEK, Koliščarska naselbina Stare Gmajne in njen čas. Ljubjansko barje v 2. potovici 4. tisočletja pr. Kr. Opera Instituti Archaeologici Sloveniae 16 (Ljubljana 2009).

VIDEIKO 2004

M. Y. VIDEIKO, Late Trypillya and Baden Cultures: Facts and Character of Interaction. In: B. Hänsel / E. Studeniková (Hrsg.), Zwischen Karpaten und Ägäis. Neolithikum und Ältere Bronzezeit. Gedenkschrift für Viera Němejcová-Pavúková. Stud. Honoria 21 (Rahden / Westf. 2004) 355–367.

VISY 2003

Zs. VISY (Hrsg.), Hungarian archaeology at the turn of the Millenium. Kulturális Örökség Minisztériuma (Budapest 2003).

VOSTEEN M 2006: Une double invention: véhicules a roues et traction animale. In: Pétrequin u. a. 2006A, 239-247.

WATELIN / LANGDON 1934

L. C. WATELIN / S. LANGDON, Excavations at Kish, IV. (Paris 1934).

WINIGER 2006

A. WINIGER, Les chemins d'accès des villages néolithiques et bronze ancien de Concise (Lac de Neuchâtel, Vaud, Suisse). In: PÉTREQUIN U. A. 2006A, 121–133.

WOOLLEY 1934

L. WOOLLEY, The Royal Cemetery, UE 2. (Oxford 1934).

K. ZOFFMANN 2004

Zs. K. ZOFFMANN, A Badeni népesség Balatonőszöd lelőhelyről való ismertetése [Anthropological study on the Baden Population of the Balatonőszöd Site]. Somogyi Múzeumi Közlemények 16, 2004, 111–125.

ZICH 2006

B. ZICH, Ornières de véhicules néolithiques à Flintbek (Allemagne du Nord). In: PÉTREQUIN U. A. 2006A, 215–225.

ZÜCHNER 1989-1990

C. ZÜCHNER, Der kupferne Stier B 257 in der Ur- und Frühgeschichtlichen Sammlung der Universität Erlangen-Nürnberg. Bericht der Bayerischen Bodendenkmalpflege 30/31, 1989/90, 66–77.

Abbildung 1.

Abb. 1. Die Erfindung des Rades. Auf der Karte sichtbare und sich auf die einzelnen Regionen beziehende Ikonen: Mittel-Europa: Rekonstruktion von István Vörös anhand des Wagenmodells aus Budakalász; Ost-Europa: nach Saposnikova u. a. 1988 Buchumschlag; Naher Osten: Tell-Aqrab, Deichselbockwagen, 3000 BC, nach Matuschik 2006, Fig. 10,2; Mittel-Asien und Fernosten: nach dem Buchumschlag von Kuzmina / Mair 2007.

Abbildung 2.

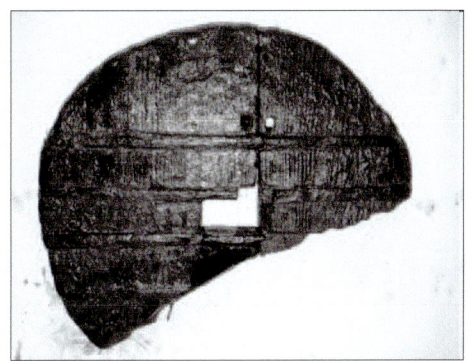

Stare Gmajne, 1   Stare Gmajne, 2

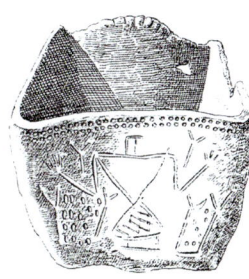
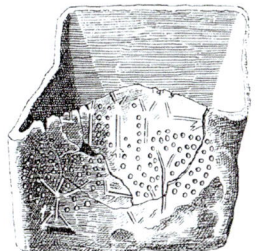

Szelevény-Vadas, 3

Szelevény-Vadas, 4   Szelevény-Vadas, 5

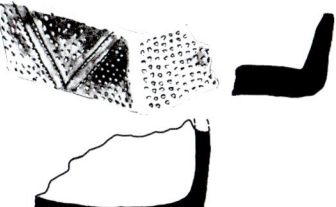

Gomolava, 6

1–2. Stare Gmajne, hölzernes Rad und Achse aus einer Bolerázer Feuchtbodensiedlung (nach Velušček www.zrc–sazu.si); 3–5. Szelevény–Vadas, vierkantiges kultisches Gefäss mit Menschendarstellung der Kostolac-Kultur (nach Rezi-Kató 2001, Taf. 2; Photos von András Dabasi); 6. Ähnliches Gefäss aus Gomolava (nach Petrović / Jovanović 2002, 257).

ABBILDUNG 3.

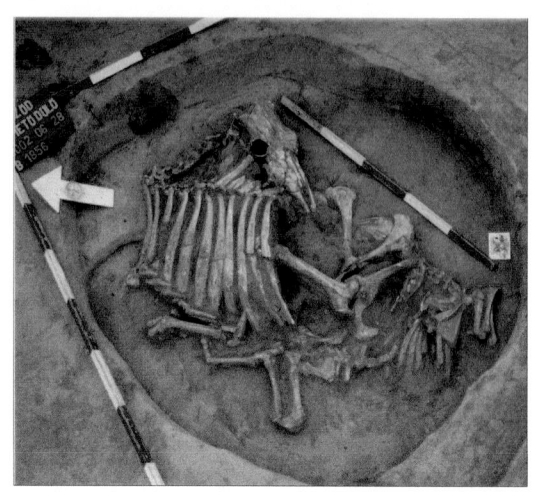

1856, 1

1856, 2

1841, 3

1841, 4

1612, 5

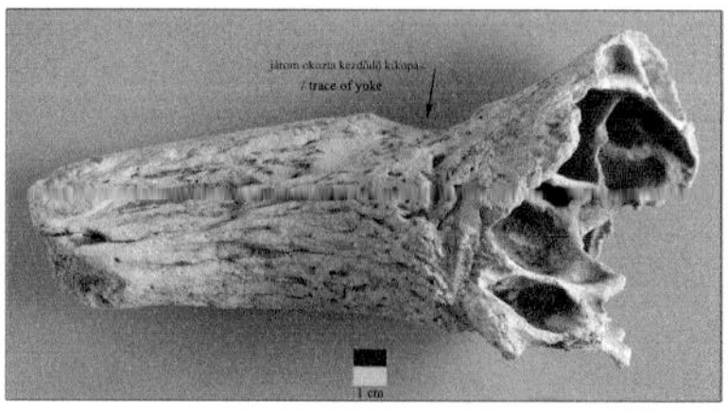

1612, 6

1–2. Balatonőszöd–Temetői-dűlő, Grube Nr. 1856, 1. und 2. Freilegungsschichten, doppelte Rindbestattung; 3–4. Balatonőszöd–Temetői-dűlő, Grube Nr. 1841. Rindbestattung, am Unterkiefer mit Spuren von Verletzung durch Steinbeil; 5–6. Balatonőszöd–Temetői-dűlő, unterste Schicht der Opfergrube Nr. 1612, auf dem Horn eines Rindes das durch Einspannung hervorgerufene beginnende Abwetzung.

ABBILDUNG 4.

1. Budakalász, Grab 177

2. Metercia, Roznava, 1513

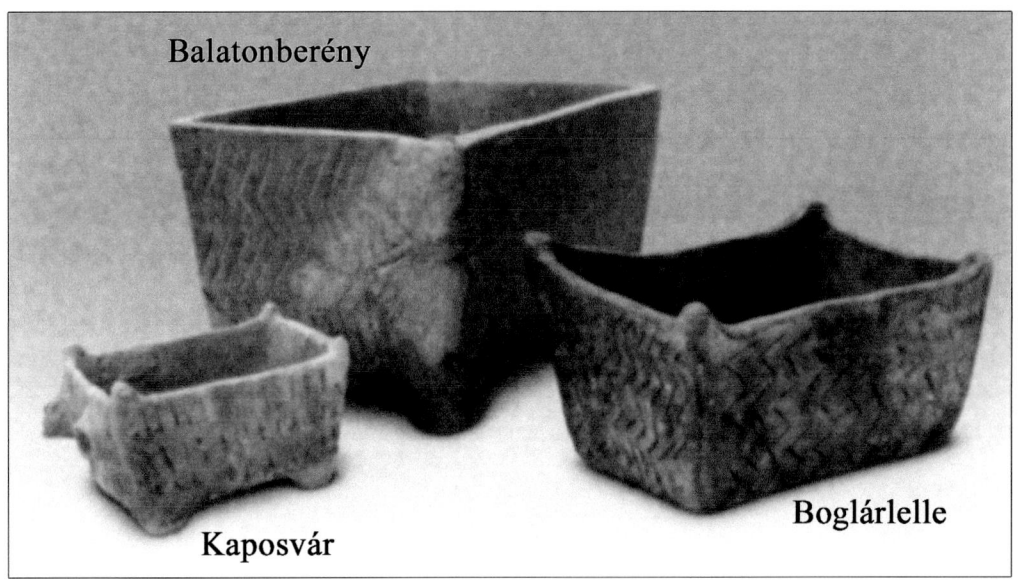

3. Plattensee

1. Das Wagenmodell aus dem Grab Nr. 177. in Budakalász–Luppa csárda (nach Bondár / Raczky 2009, Pl. XXIX); 2. Tafelbild der Rosnauer (Rozsnyó/Rožňava) Metercia (1513) (nach Paládi-Kovács 2003); 3. Die Wagenmodellfunde südlich des Plattensees (Balatonberény, Boglárlelle, Kaposvár, nach Németh u. a. 2010, 58).

Abbildung 5.

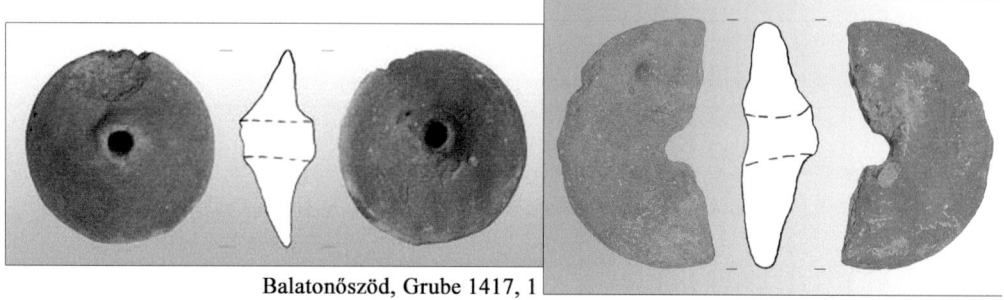

Balatonőszöd, Grube 1417, 1

Balatonőszöd, Grube 1795, 2

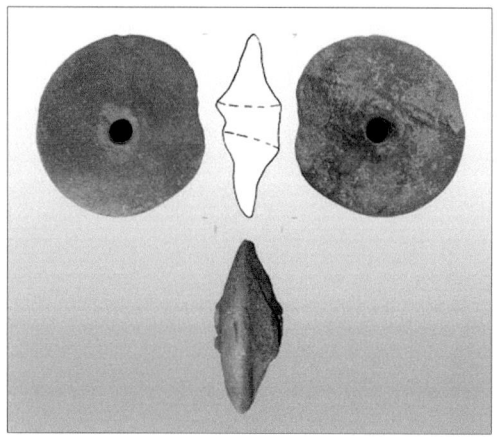

Balatonőszöd, Grube 1565, 3

Balatonősztöd, 1384. Boleráz Kulturschicht, 4

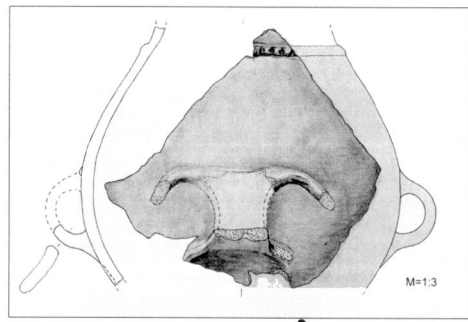

Palt, 6

Vác-Liliom Str., 5, 7

1. Balatonöszod–Temetoi-dulo, Grube Nr. 1417. Bruchstuck eines Wagenradmodells; 2. Bruchstuck eines Spinnwirtels aus der Tieropfergrube Nr. 1795; 3. Grube Nr. 1565. Bruchstück eines Wagenradmodells; 4. Bruchstück einer Amphore aus der Bolerázer-Schicht der Grube Nr. 1384. mit Tierkopf-Applikation; 5. Vác–Liliom Strasse, Rindförmige Amphore (nach Vasáros / Rezi-Kató 2002, 41); 6. Palt, Bruchstück einer Amphore (nach Schmitsberger 2006, Abb. 3,10); 7. Vác–Liliom Strasse, Rindförmige Amphore (nach Kővári 2010, Fig. 4,2).

ABBILDUNG 6. DIE ANFÄNGE DES KONTINENTALEN TRANSPORTWESENS UND SEINE AUSWIRKUNGEN AUF DIE BOLERÁZER UND BADENER KULTUREN

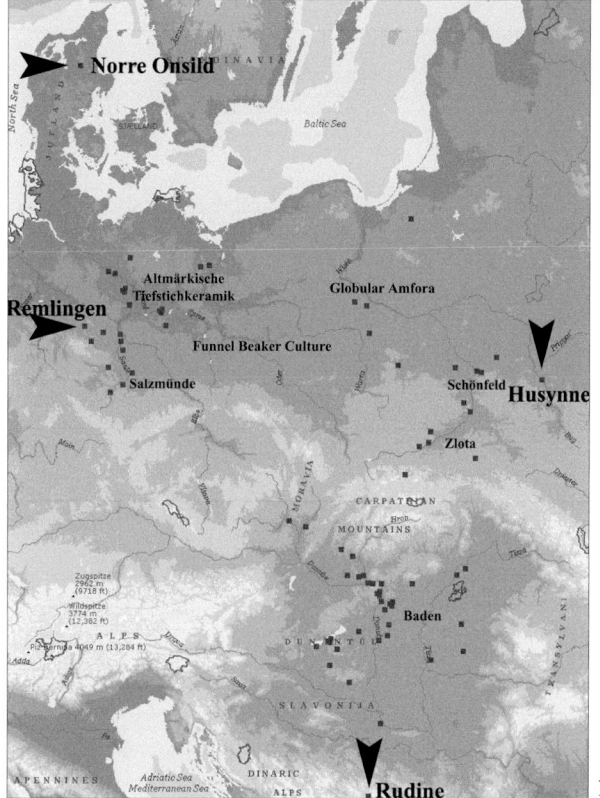

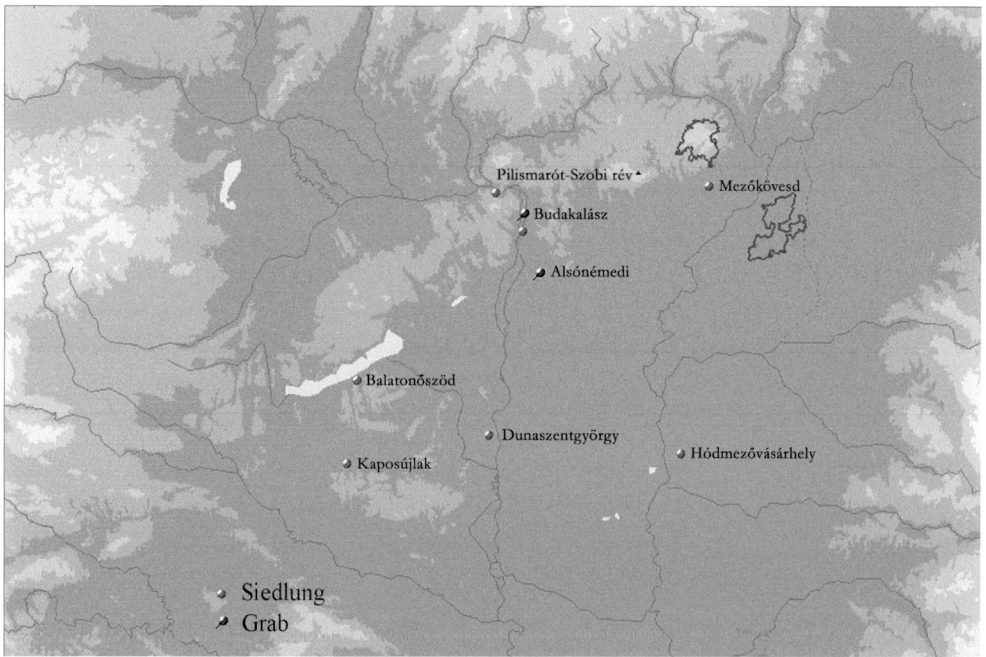

1. DOPPELTE RINDBESTATTUNGEN IN EUROPA ZWISCHEN 3500–2200 CAL BC; 2. DOPPELTE RINDBESTATTUNGEN IN UNGARN.

Abbildung 7.

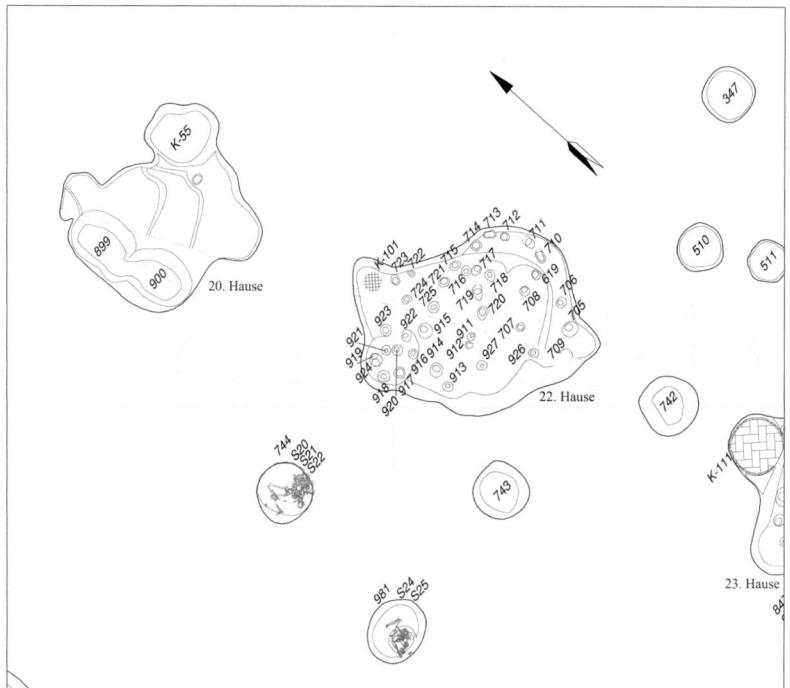

Balatonőszöd–Temetői-dűlő: Planum der Quadranten 50,51/12, 13 – 52/13, 14, Planum und Rekonstruktion der Häuser 509 – 22, die menschlichen Opfergruben Nr. 744. und 981, und das anthropomorphes Gefäss aus der Grube Nr. 743.

ABBILDUNG 8. DIE ANFÄNGE DES KONTINENTALEN TRANSPORTWESENS UND SEINE AUSWIRKUNGEN

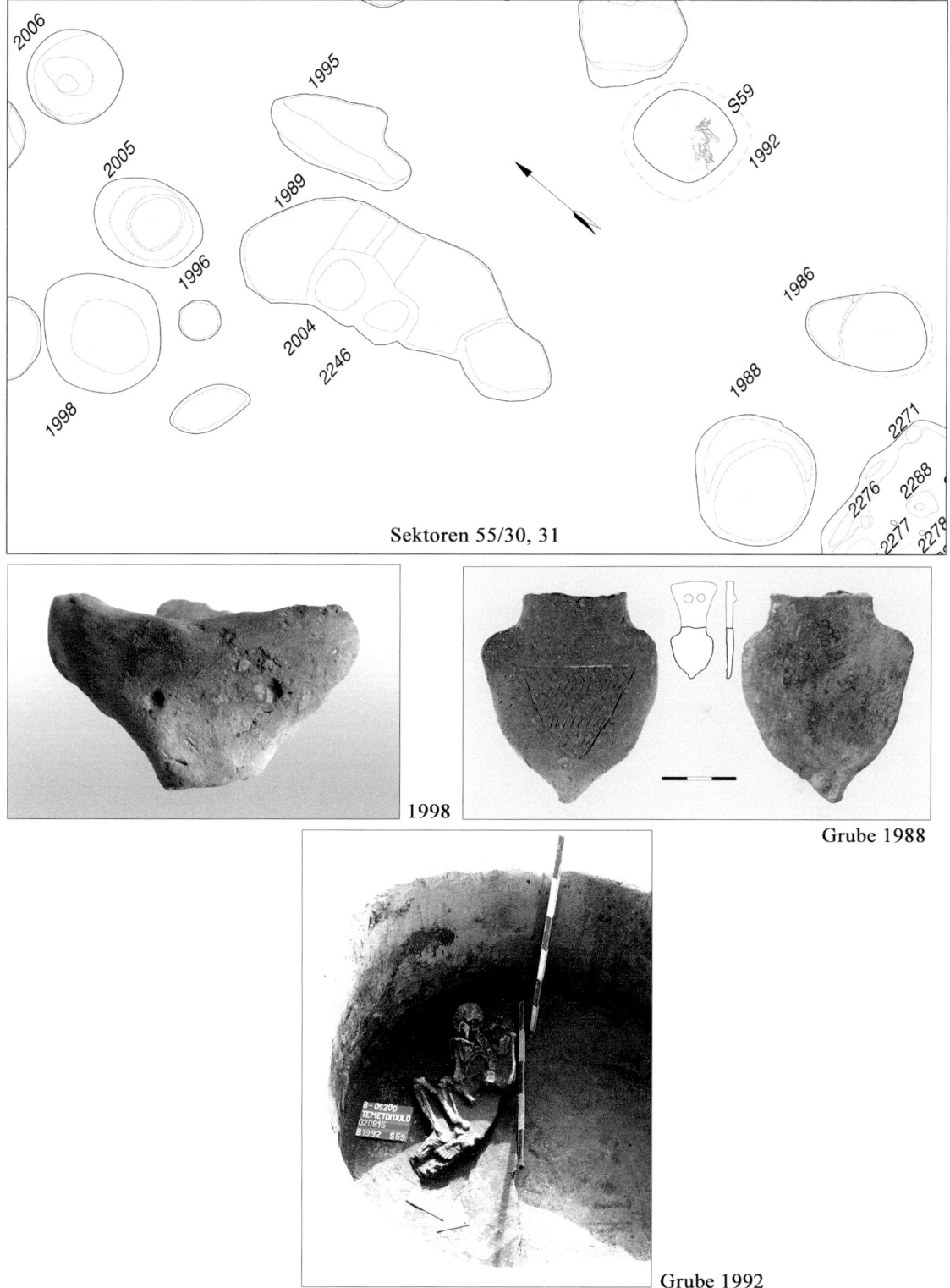

BALATONŐSZÖD–TEMETŐI-DŰLŐ: PLANUM DER QUADRANTEN 55/30, 31, DER BRUCHSTÜCK DER WEIBLICHEN IDOLE AUS DER GRUBE NR. 1988, DIE GRUBE NR. 1998. MIT DER STIERKOPFPROTOME, UND DIE GRUBE NR. 1992. MIT DER WEIBLICHEN BESTATTUNG NR. 59.

ABBILDUNG 9.

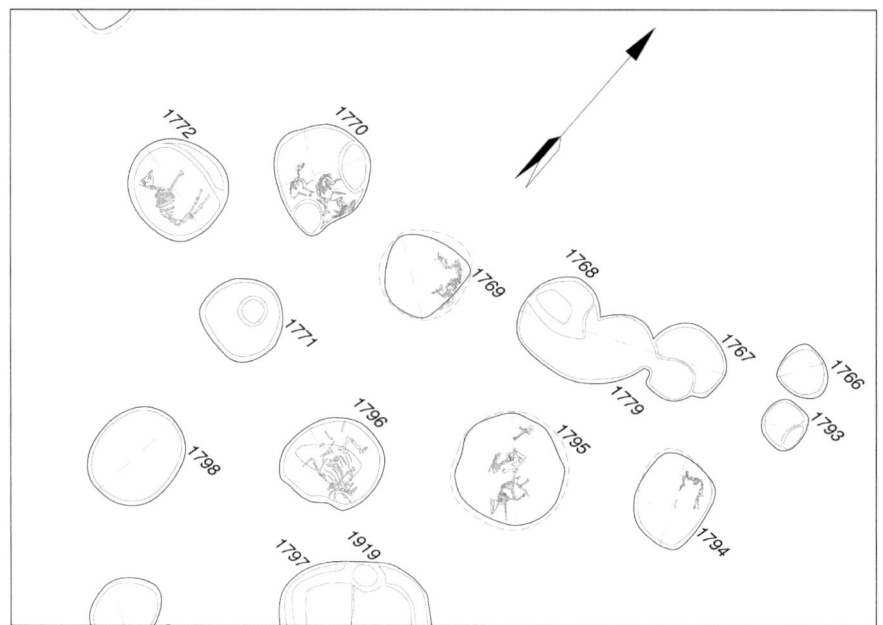

Sektoren 38-39/4, 5, 6

Grube 1770   Grube 1794   Grube 1794

Grube 1795

Grube 1796

BALATONŐSZÖD–TEMETŐI-DŰLŐ: PLANUM DER QUADRANTEN 38/4, 5 – 39/5, 6 UND DIE FREIGELEGTEN TIERBESTATTUNGEN NR. 1770, 1794, 1795, 1796, DIE GRUBE NR. 1794. MIT DER ANTHROPOMORPHEN BEMAHLTEN UND MIT EINRITZUNGEN DEKORIERTEN AMPHORE.

ABBILDUNG 10.

Budakalász-Luppacsárda, Grab 177, 1

Szigetszentmárton, 2

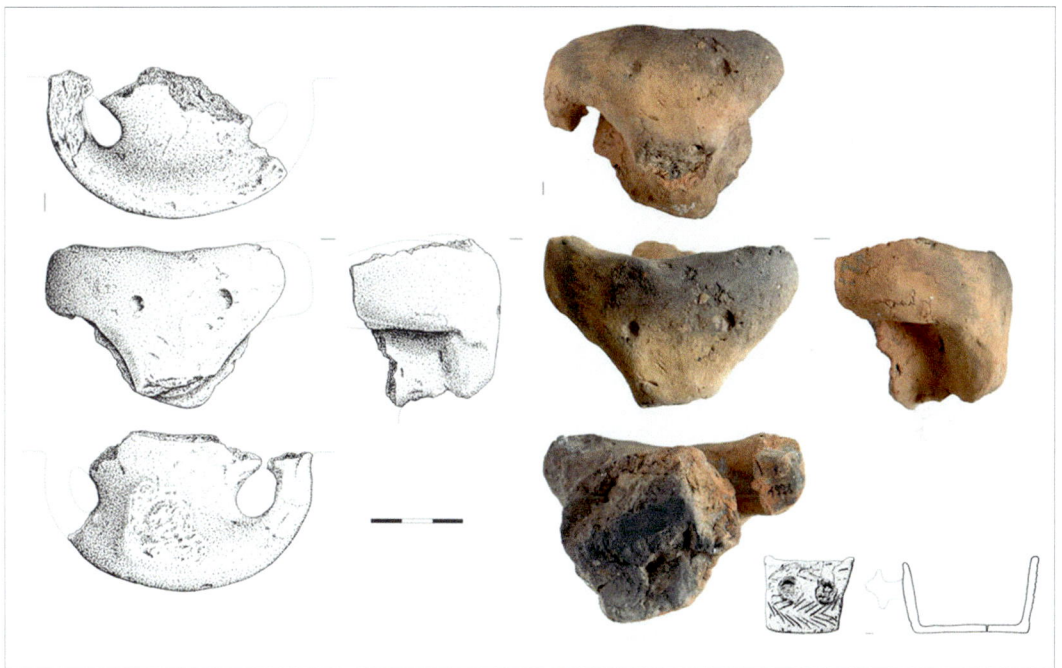

Balatonőszöd, Grube 1998, 3

Budakalász, Grab 177, 4   Bytyň, 5   Radošina, 6

1. Budakalász–Luppa csárda, Wagenmodell aus dem Grab Nr. 177 (nach Visy 2003, 126, Abb. 4); 2. Szigetszentmárton, Wagenmodell (nach Visy 2003, 126, Abb. 4); 3. Balatonőszöd–Temetői-dűlő, Grube Nr. 1998. von einem Wagenmodell abgebrochener Stierkopfprotome; 4. Rekonstruktionszeichnung von István Vörös über Einspannung der Tiere anhand des Wagenmodells aus Budakalász; 5. Bytyň (nach Schier 2010, 36, Kat. Nr. 345–351); 6. Radošina, Wagenmodell mit doppelter Stierprotome (nach dem Buchumschlag von Chropovský 1973).

ABBILDUNG 11.

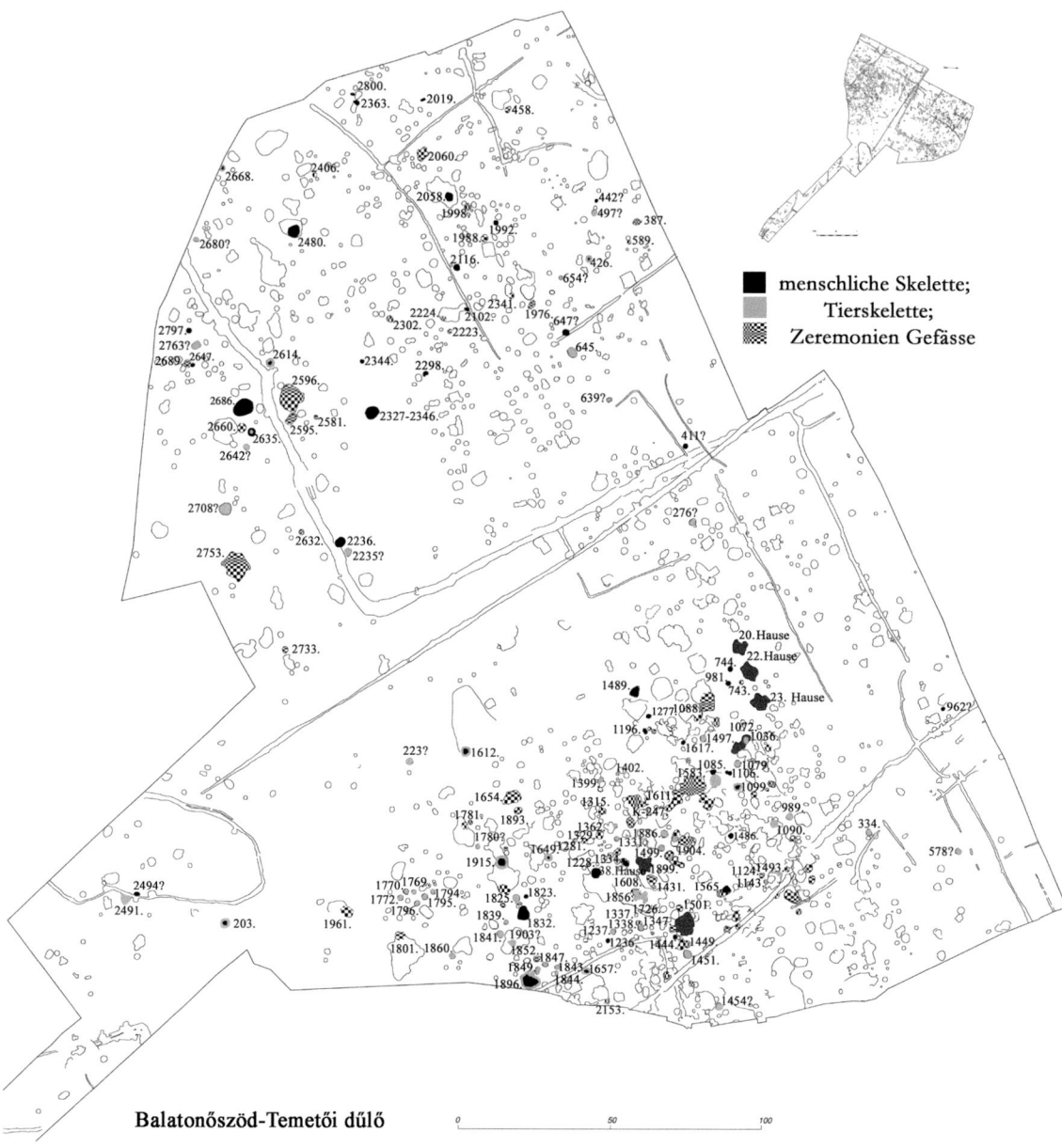

Balatonőszöd-Temetői dűlő

BALATONŐSZÖD–TEMETŐ-DŰLŐ, VERBREITUNG DER SAKRALEN BEFUNDEN UND FUNDE.

ABBILDUNG 12.

DIE ANFÄNGE DES KONTINENTALEN TRANSPORTWESENS UND SEINE AUSWIRKUNGEN
AUF DIE BOLERÁZER UND BADENER KULTUREN

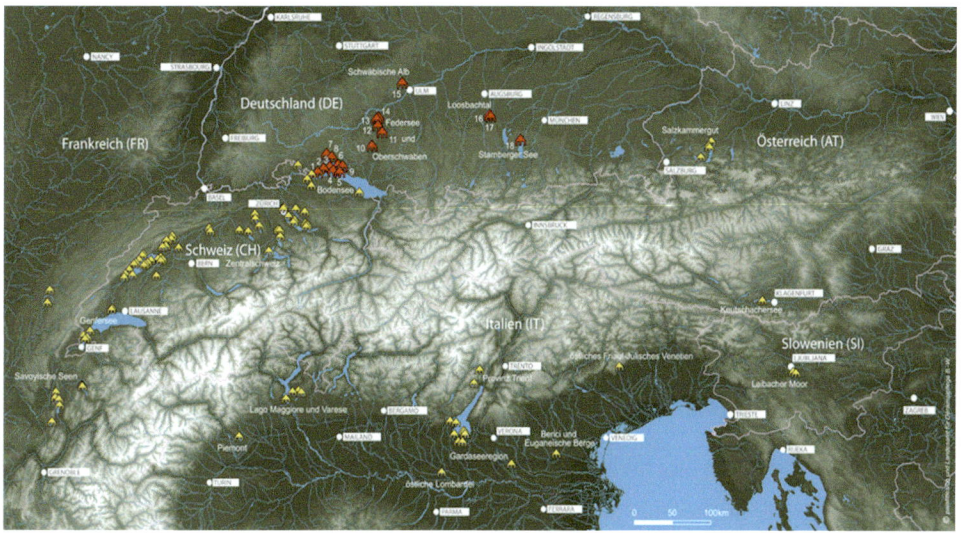

Pfahlbauten rund um die Alpen 1

Rad und Wagen/Knarren-Funden in die Bolerázer und Badener Kulturen 2

1. PFAHLBAUTEN RUND UM DIE ALPEN (NACH HAFNER 2010, 104); 2. VERBREITUNGSKARTE DER MIT WAGENFAHRT IN VERBINDUNG STEHENDEN FUNDEN DER BOLERÁZER UND BADENER KULTUREN.

11. Zusammenfassung / Abstract / Аннотация / Kivonat

Zusammenfassung

Die ersten Fahrzeuge andeutenden Funde können in Nord- und Mitteleuropa rund um 3900/3600 v. Chr. datiert werden. Unter den Boleráz-Fundplätzen können Arbon/Bleiche 3 und Bad Buchau/Torwiesen II als die frühesten bestimmt werden, rund um 3400–3300 v. Chr. Die Herausbildung der Einspannung und der Wagenfahrt kann auch in diesen Fundplätzen mit den anderen, durch gemischten kulturellen Aspekt charakterisierbaren Feuchtbodensiedlungen in Verbindung gebracht werden (gebirgige). Die Boleráz Kultur und die Badener Kultur überlappen sich im Gebiet des Karpatenbeckens zeitlich wie räumlich zwischen 3300 und 3000 v. Chr. In diese Zeitspanne können die radlosen, oder die mit rudimentären, symbolisch interpretierbaren Rädern ausgestatteten Modelle der Boleráz Kultur auf dem Gebeit von Ungarn, Slowakei, Österreich sowie das hölzerne Rad und hölzerne Axe aus dem Laichbacher Moor datiert werden. Die Bolerázer Funde des Karpatenbeckens deuten darauf hin, dass die hier lebenden Bolerázer Gemeinschaften keine Kenntnisse über Rad und Wagenfahrt verfügten, oder nur anfängliche Transportmittel (Stangenschleife, zweirädige Karren) besaßen. Unter den Wagenmodell- und Wagenrad-Modellfunden der Badener Kultur kann nur das Modell aus dem Grab Nr. 177 in Budakalász datiert werden, und zwar auf die Zeit zwischen 2800 und 2600 v. Chr. Das Verbreitungsgebiet der Funde aus Ungarn werden mit der Donaulinie getrennt: östlich der Donau kennen wir aus der Spätkupferzeit keine mit der Wagenfahrt in Verbindung stehenden Funde. Anhand der bisherigen Ergebnisse kann festgestellt werden, dass die Bolerázer Funde technisch, wie auch kulturell mit den Feuchtbodensiedlungen rund um den Alpen in Verbindung standen, während die Badener Funde vielleicht aus den frühen Funde der, außerhalb des Karpatenbeckens, in Kleinpolen lebenden Trichterbecher, Badener und anderen Kulturen hergeleitet werden können, wobei die hier vorgekommenen Räder und die Entwicklung des vierrädigen Wagens von den Gemeinschaften der Steppenregion übernommen wurden (Flachland). Die enge Verbindung zwischen der Funde der Wagenfahrt und den Feuchtbodensiedlungen ist nicht nur von grabungstechnischer Natur (wo die organischen Überreste besser bewahrt werden): vermutlich waren diese, Holz in großer Mengen verwendenden und über entwickelten Holzschneidekunst verfügenden Gemeinschaften darauf prädestiniert, dass die Handwerksberufe des Stellmachers und des Radmachers gerade in diesen Siedlungen relativ früh entstehen konnten.

Abstract

The earliest finds of wheel and vehicle of North- and Central-Europe are about 3900/3600 BC. The oldest Boleráz sites are Arbon/Bleiche 3 and Bad Buchau/Torwiesen II (3400–3300 BC). These Boleráz invention are connecting to the mixed cultural pile dwelling settlements, and altitude useage (Cart/Slide/Helter-Skelter). The Boleráz and Baden cultures are overlapping each other in the Carpathain Basin between 3300–3000 BC. This period can illustrate with the austrien, slowakien and hungarian Cart-modells without wheel or with atypical/vestigial wheels, and the regular wood axe and wheel from Ljubljana marshes. It suggests that the Boleráz folk inside the Carpathian basin did not know or use the invention of wheel or just in embryo. Among the Baden Wagon-modells and wagon-wheel modells only can dated the Grave Nr. 177 at Budakalász: 2800–2600 BC. The hungarian Baden finds were cut in the line of Danube: E from the river we not known certain finds connecting vehicle. That's why we can tell that the Boleráz finds connecting to the Circum-Alp zone, and the Baden finds perhaps to the mixed sites lived on the E slopes of Carpathian Mountains (Little-Poland/Slowakia: Funnel Beaker Culture, Baden, Globular Amphora Culture, Corded Ware Culture). The four-wheel Wagon was developed for the plainsman, and came from the steppean territory (Cucuteni–Tripolje, Pre-Yamnaja, Yamnaja). The close affection of the finds related of vehicle for the lake-shore settlements is not just a technical point (there are organic finds in good conservation): at these sites can proof the high degree of carving, so these communities were predestinate to born new handicrafts (coach-builder, wheeler).

Аннотация

Колесо и повозка появились в Центральной Европе в IV-ом тысячелетии до нашей эры, и в ходе их дальнейшего технического усовершенствования, на рубеже IV-III тысячелетий, стали незаменимыми предметами в жизни человеческого общества. Мы пока ещё не можем ответить на тот вопрос, в какой связи находился Центрально-Европейский регион с другим центром колеса и использования повозки, датируемым приблизительно тем же временем (русские степи – Ямная; и Ближний Восток – Месопотамия).

Самым быстрым развитием в истории человечества, в качестве водораздела, считали упомянутую неолитическую революцию (первоначально со скоростью распространения 1 км/год). Изобретение колеса и начало езды на повозке, и их распространение по сравнению с этим, было аналогично водораздельным, и, по всей вероятности, распространялось намного быстрее, чем мы здесь предполагаем, так как повозка в день могла проехать расстояние минимум 5-10 километров, даже в самых трудных географических условиях. Поскольку в случае поселений на берегу озера мы предполагаем дороги из настила, в случае поселений Моравской возвышенности - платформы, то сегодня мы уже не думаем о том мире, что оно было бездорожным. Хотя изготовление колеса и строительство повозок по всей вероятности требовало специальных знаний (связанное с этим мастерство мастеров по изготовлению колёс и используемые ими инструменты, которые равномерно распространились в Центральной Европе в период появления украшений, сделанных из шнура), новое изобретение всё же с огромной скоростью пронеслось по территории Древнего мира, моделирование которого с помощью археологических и других известных методов датирования (14С, дендрохронология, термолюминесцентный анализ) невозможно в таких узких временных и широких пространственных рамках.

Важное техническое открытие, подобное колесу и езде на повозке, рождается не случайно. Их изобретение было инициировано некоторого рода потребностью, которая предполагает уже совершившуюся, предшествующую этому, революцию в области земледелия и разведения животных. Данную, сложную, встраивающуюся друг в друга цепочку процессов называют обобщенным именем как вторичная революция животноводства и революция вторичных продуктов (*The Secondary Exploitation of Animals, The Secondary Products Revolution*).

Среди культур, живущих в то время на территории Центральной Европы, в этом процессе центральную (через торговлю), по всей вероятности посредническую роль играла – на основании находок – Болеразская/Баденская культура (Процесс Баденизации).

В цепочке аналогичных по возрасту поселений, построенных на берегах озёр / на болотах, для которых характерными были строения типа *Pfahlbau*, и которые находились в преддверье Альп (Северная Италия, Швейцария, Восточная Франция, Южная Германия), на болотах вблизи от Любляны, и поблизости от Варнского озера, Болеразское/Баденское поселение, обнаруженное в результате новых раскопок в Балатонёсёд (*Balatonőszöd*), имеющее аналогичную структуру и тип, и окрестность Балатона являются отсутствующим до сих пор звеном, соединяющим поселения, аналогичные по культуре и возрасту, и звеном в процессе распространения колеса и езды на повозке.

Kivonat

Észak- és Közép-Európa első szárazföldi jármű meglétére utaló leletei Kr.e. 3900/3600 körüliek. A bolerázi lelőhelyek között legkorábbra Arbon/Bleiche 3 és Bad Buchau/ Torwiesen II datálható Kr.e. 3400/3300 körül. A fogatolás, kocsizás kialakulása feltehetően ezeken a lelőhelyeken is a többi, vegyes kulturális aspektussal jellemezhető tóparti településhez, és elsősorban hegyi használathoz (kétkerekű) kapcsolódik. A Boleráz és Baden kultúrák a Kárpát-medence területén időben és térben is átfedik egymást Kr.e. 3300–3000 között. Erre az időszakra tehetők az osztrák, szlovák és magyar kerék nélküli, vagy csökevényes, jelzés-értékű kerekekkel ellátott bolerázi modellek, és a Ljubljanai mocsarakban előkerült fakerék és tengely. A Kárpát-medencén belüli bolerázi leletek azt suggalják, hogy az itt élő Boleráz közösségek még nem rendelkeztek a kerék ismeretével, vagy annak csak kezdeti stádiumával (csúszka, kétkerekű taliga). A Baden négykerekű kocsimodellek és önálló kocsikerék-modellek között eddig egyedül a budakalászi 177. sír datálható Kr.e. 2800–2600 közé. A magyarországi leletek elterjedését a Duna vonala vágja ketté: attól K-re nem ismerünk a késő rézkorból kocsizással összekapcsolható leleteket. Az eddigi eredmények alapján elmondható, hogy a bolerázi leletek kulturálisan és technikailag a circumalpi tóparti települések felé mutatnak kapcsolatokat, míg a badeni leletek talán a Kárpátok keleti peremén túl élő kis-lengyelországi Tölcséreszájú edények, Baden és egyéb kultúrákba sorolható korai leletekből vezethetők le, és az itt megjelenő keréktípus és a síkvidéki terepre szánt négykerekű kocsi kialakulása a sztyeppei népektől került volna birtokukba. Az eddigi, kocsizással összekapcsolható leletek szoros kötődése a vízparti településekkel nemcsak ásatástechnikai jellegű (ahol a szerves maradványok kedvezőebben konzerválódnak): feltehetően az ilyen, nagy mértékben fát használó, fejlett fafaragó-tudással rendelkező népcsoportok voltak predesztinálva arra, hogy a bognár és kerékgyártó mesterségek ezeken a helyeken viszonylag korán megszülessenek.

Danksagung

Die vorliegende Studie wurde mit der Unterstützung der OTKA (Projektnummer F-67577 und PD-73490) angefertigt.

Die Ergebnisse wurden in einem Vortrag der Konferenz der EAA im Jahre 2009 in der Sektion „*Innovation and Evolution*" dargestellt (Riva del Garda, Italien). Der Vortrag ist unter: https://www.academia.edu/2155447/EAA_2009_Riva_del_Garda_2009._szeptember_15-20._Tünde_Horváth_The_Down_and_the_Impact_of_the_Overland_transport_in_the_Life_of_Baden_Culture_text herunterladbar.